荥经
Ying Jing

家在清风雅雨间

李蓉 主编

巴蜀书社

编委名单
LIST OF THE EDITORIAL MEMBERS

学术顾问	霍 巍
主　　编	李 蓉
副 主 编	彭 浒　林元亨
执行主编	张 苹
编　　委	古玉军　陈德全　张顺昌　姜 伟 熊学林　杨成林　陶雄辉　高俊刚
撰　　稿	马伯垚　庞 政　陈 默　林元亨 周安勇　李增勇　吴阿宁　赵珊榕
统　　稿	林元亨　张 苹
图片摄影	陶雄辉　郑 林　刘敬忠　刘乾坤 甘 霖　高华康　周安勇　李 坚 冉玉杰　李 宁　赵志龙　刘周彬 王维富　朱含雄　黄 强　刘修文 杨仕杰　刘振宇　喻 磊
装帧设计	张 苹　康 燕

目录
CONTENTS

序言
家在清风雅雨间 /4

与造物游篇

天赋荥经
最美县域　康养胜地 /14
三线交织孕秘境 /19
动物活化石——大熊猫 /22
植物活化石——珙桐 /25

天赐美景
亚洲最大360度观景平台——牛背山 /28
　牛背山七绝 /32
龙苍沟国家森林公园 /37
　"森呼吸"龙苍沟 /37
　国家AAAA景区——叠翠溪 /40
　龙苍沟其他景点 /43
　荥经县鸽子花生态旅游节 /44
　鸽子花下的女子成人礼 /45
一分南北大相岭 /46
云海上的"方舟"——瓦屋山 /48
"马耳朝霞"眺云峰 /52

史海钩沉篇

远古回响
颛顼传说 /56
古蜀文化的南大门 /60

严道巍然
古城遗址 /62
岷山庄王与黄金之路 /65
智囊严君——秦国丞相樗里疾 /68

严道遗珍
　巴蜀印章 /72
　青铜罍 /73
　"成都"铭文青铜矛 /74

丝路通衢
经略巴蜀先开道 /75
邛竹杖——蜀贾万里的物证 /79
何君尊楗阁刻石重现江湖 /81
九折坂上的孝子忠臣 /86

文物背后的边关重镇
"邓通钱"与严道铜山 /88
严道封泥遗橘香 /91
天下第一吻 /94

千年古刹
荥经佛教的兴盛 /96
始于唐代的辟支佛道场 /97
    何为辟支佛 /99
    万盏神灯朝瓦屋 /100
    云峰古刹 /102

茶马古道
茶马贸易,兴盛"荥经" /105
从绢马贸易到茶马互市 /107
穿越荥经的茶马"大路" /111
雅康道上的背夫 /116

古道驿站
新添驿站 /122
黄泥堡 /126
箐口驿 /128

边茶贸易和姜家大院
高山云雾出好茶 /131
边茶名牌"仁真杜吉"的创建 /132
"裕国兴家"坎坷路 /134

西康往事
保路运动关键战役——大相岭阻击战 /138
齐白石与"家在清风雅雨间" /142
孙明经的川康考察团日记 /144
    战时川康考察团 /145
    琳琅匾额显民风 /146
    "坚冰在须"记险途 /147

红色记忆
周文对于家乡的影响 /149
红军长征过荥经 /153
胡长保纪念馆 /155
泡桐岗——长征中最难走的路 /158

澄和风物篇

非物质文化遗产

千年黑砂 /162
    土与火的艺术，荥经制陶工艺 /164
    亲民，荥经砂器的生脉 /168
    流淌在血液里的工匠精神 /171
围木成炉 /174
荥经竹号 /177

民风民俗

新添"长街宴" /179
新春游园会 /181
云峰寺庙会 /183
春分会 /185
年节的味道 /188

生态美食

森之美食 /190
挞挞面 /193
棒棒鸡 /197
砂锅雅鱼 /200
荥经凉粉 /202
椒盐饼子 /203

结语

荥经，让人心驰神往的地方 /206

后记 /208

序言
PREFACE

家在清风雅雨间

　　天府西望，群山连绵，一条古道在莽莽山野中穿行千年。早在先秦时期，西南先民们就在崇山峻岭中开辟了这条通道，她被叫做"蜀身毒道"；汉代驮着蜀布、丝绸和漆器的马队沿着这条路从蜀地出发经云南至缅甸、印度，并进一步通往中亚、西亚和欧洲地中海地区，这条道路是"南方丝绸之路"的重要部分；唐宋以至明清，络绎不绝的骡马和驮着大大茶包的背夫跋涉在这险途上，这条路又被称作"茶马古道"。在这千里道路间镶嵌着一块宝地——荥经。

荥经县地处四川盆地西缘，为雅安市腹地，古为"建、炉要隘，邛、雅雄藩"。新石器时代已有先民在此生活，传说中的颛顼即从这里走向中原；西周时期，这里是边贸要地和冶铜基地；春秋时期，楚王后裔岷山庄王把这里作为从丽水运送黄金的要道；秦惠文王更元十三年（前312）置县严道，秦惠文王的异母兄弟樗里疾因战功显赫而封于严道，号为"严君"；汉文帝时期，宠臣邓通在严道冶铜铸钱，"邓氏钱，布天下"，宋人李石作诗《邓通城》感叹"多少金钱满天下，不知更有邓通城"；汉武帝时期，司马相如从这里打通旄牛道，开辟了著名的南方丝绸之路。从先秦到两汉，这里既是应对西夷入侵的军事要塞，又是通往西南的咽喉。唐宋以后，荥经是边茶的主要生产基地，是茶马古道的重要枢纽。

这片土地，曾经是秦蜀最后一场交锋的古战场，是汉唐雄关要塞，历来是兵家争地。保路运动的关键战役——大相岭阻击战在荥经打响。红军长征经过荥经，

荥经之城，空气氤氲

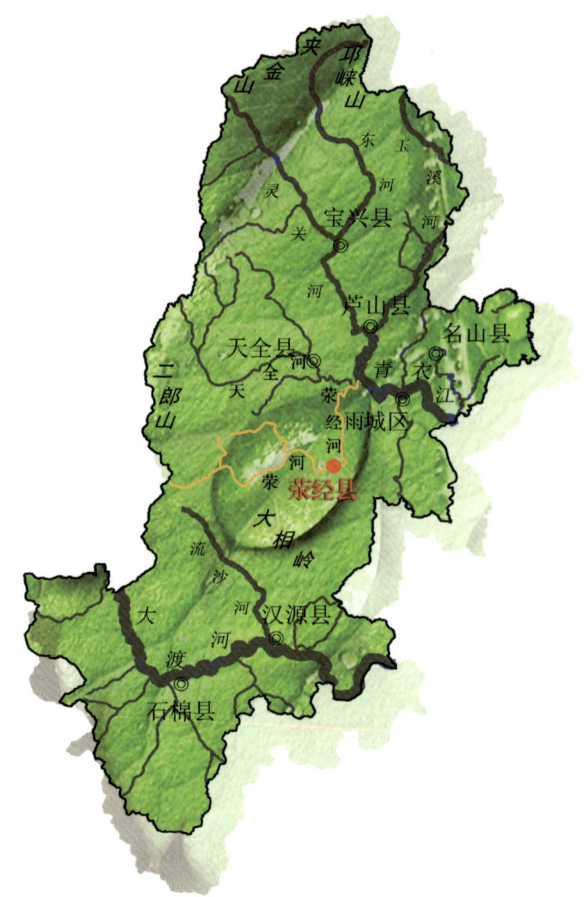

留下星星之火和宝贵的红色文化。从黍子地（荥经方言，黍读水）到岗家山，青山有幸埋英骨。

　　古城坪上，荒草遮没一片残墙，边城往事飘散在濛濛烟雨中。千年黑砂承舜陶遗意，铸千年匠魂。而那些重见天日，多达数千件的文物，从远古到近代虽然斑驳残损，但是精美依旧，再现了风吹画角、金戈铁马的边城岁月，昭示了千年古道的沧桑演变。而那些散落在山野旧道边的残垣断壁，更激起人们无尽的遐思。这就是千年严道、清雅荥经。她是巴蜀文化的西南门户，是一段绵延千年的人文画卷。

　　1936年春，齐白石应王缵绪之邀到成都做客期间，为荥经人陈耀伦篆"家在清风雅雨间"闲章一枚。印语是对荥经县的地理、气候和生态环境的高度概括，更是荥经山清水美、钟灵毓秀的见证。

"万物静观皆自得,四时佳兴与人同。"在地理学上,荥经还是三条著名分界线的交会点。神秘的北纬30°线、胡焕庸线、华西雨屏线三线交会,形成了荥经独特的地理气候特征和自然人文景观。

"荥经之水,岩石嶙峋;荥经之城,空气氤氲。"这是著名学者黄炎培所赋诗句。亚热带季风气候加上山地气候调节,形成一个温润适宜、四季分明的区域小气候。这里冬无严寒、夏无酷暑,年均气温15.4℃,年降雨量1149.3毫米,森林覆盖率80.3%,优良天数常年保持在350天以上,是绿色走廊、天然氧吧,是"三养圣地"——牛背山养眼、龙苍沟养身、云峰山养心。你大可以在龙苍沟"森呼吸",在"亚洲最大360度观景平台"牛背山上观日出、云海、佛光、夕阳、星空,看日照金山与云端上的杜鹃。这些美景美色唤起世界各地的人们对荥经的向往。

这里自古商旅繁荣,绝佳的生态食材与南来北往的饮食

对于森林覆盖率高达80.3%的荥经来说,每到秋天,大自然赐予人们的礼物,除了沉甸甸的粮食,还有满山醉人的红叶

　　文化叠加,形成了诸多独具特色的美食佳肴。这里有天麻、茶叶、黄牛、雅鱼、竹笋等特产,有挞挞面、棒棒鸡、砂锅雅鱼、椒盐饼子、凉粉等美食。

　　荥经,沉淀有千年的历史底蕴。云峰古刹生长有千年桢楠古木,代表着顽强、坚守、颐寿;数十万亩野生鸽子花,象征着纯洁、和谐、生机;千年黑砂器,经

山水田园中的川西传统民居

大相岭北坡

青山秀水中的田园　　翠崖飞瀑

历火与土的交融，沉积下荥经人温婉而朴素的生活姿态。

　　问君居家在何处，家在清风雅雨间。荥经用最自然的状态诠释着朱光潜先生"万物有灵且美"的境界。在这里，感知古道文化，沐浴巴蜀文明，领略秀美山川，欣赏世外田园……

与造物游

篇

　　荥经位于四川盆地与青藏高原的过渡地带，北纬30°、东经102°附近，是长江上游生态屏障。境内群山环抱，溪壑纵横。梯级的地质结构和特殊的区域小气候，为万物竞茂的自然生态提供了得天独厚的条件。亚热带季风气候加上山地气候调节，形成冬无严寒、夏无酷暑、温润适宜、四季分明的区域小气候。

　　三山夹两水，清风雅雨间。"三山"是指牛背山、大相岭、瓦屋山，"两水"则指荥河、经河；加上位于以雅雨闻名的雨城区和以劲风著称的清溪古城之间，群山苍翠，雨润烟笼，荥经也就有了绿色走廊、天然氧吧的美誉。无论春夏时节，还是金秋银冬，这里都是旅游休闲的天堂，生态美食的乐园。

　　荥河、经河是源远流长的血脉，丝路茶道是荥经的家谱装订线。乾隆版《荥经县志》记载有名满天下的"荥经八景"：瓦屋圣灯、马耳朝霞、晒经晚照、古城烟雨、相岭积雪、高桥明月、孟渡渔歌、龙洞灵湫。江山如此多娇，引来无数文人吟赞。明嘉靖十七年（1538）冬天，杨升庵在瓦屋山狮子坪山麓题书"与造物游"四个大字；1936年，齐白石先生为荥经治印"家在清风雅雨间"；1939年，黄炎培参加"川康建设视察团"，留下"荥经之水，岩石嶙峋；荥经之城，空气氤氲"之咏题。

　　如今荥经正以"牛背山养眼、龙苍沟养身、云峰山养心"这"三养圣地"，打造国际森林康养度假目的地吸引四方游客。"晨兴理荒秽，带月荷锄归"，陶渊明第十六代后人陶立可走到了这里，就此扎根下来。或许，在荥经，他又一次在一只子规的啼鸣里，听见了先祖的呼唤：归园田居，归去来兮！

手绘旅游地图
HAND DRAWN TOURIST MAP

扫描二维码关注荥经旅游
获取更多资讯及信息

天 全 县

至 海 螺 沟
泸定、康定

汉源县

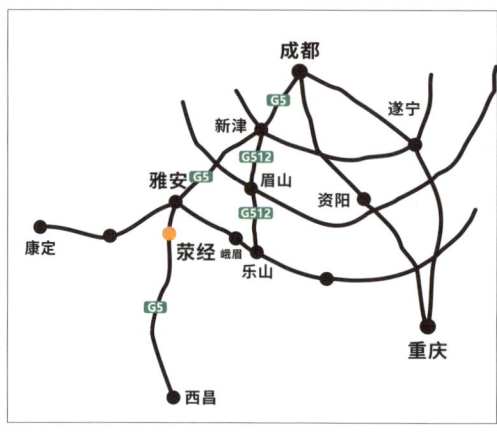

图例说明

| 加油站 | G108 国道108线 |
| 高速服务区 | G5 京昆国家高速 |

天 | 赋 | 荥 | 经

最美县域　康养胜地

蜀山苍苍，荥水泱泱。山水家园，康养胜地。

荥经所在的青衣江流域，位于四川盆地向青藏高原过渡的生态阶梯。沿着山间河谷蜿蜒的"南方丝绸之路"和"茶马古道"，是西上西藏，南至西昌、云南的交通要道，是沟通川、藏、滇各民族的地缘走廊，是高原与盆地、游牧与农耕的文明之脉。而荥

贯穿荥经的雅西高速，继"南丝路"和"茶马古道"之后，再一次让荥经驰上时代发展的快车道

泛舟叠翠溪翡翠湖

经正是处于南方丝绸之路要冲,川藏茶马古道重要节点,关隘众多,如雅荥旧路上的高桥关、白马关,荥泸路上的邛崃关、瓮鸡关、紫眼关、飞水关,荥汉路上的小关、大关。

历史上的荥经,是岷山庄王辖地,是邛人和笮人毗邻而居之地,是古代铜器生产地,是蜀秦古战场,是古代邮传地(严道邛邮),是秦汉贡橘生产地。今天的荥经,是四川省历史文化名城、中国珙桐之乡、"中国黑砂之乡"。

荥经,一座因水而生的城市。荥经的自然生态可谓得天独厚。境内高山丘陵、阶地平坝、江河峡谷各种地形交错,河流众多,森林覆盖率80.3%,四川省第一。荥经先后获得国家林业部门授予的"中国珙桐之乡"称号,四川省林业厅授予的全省"十大康养胜地"和"十大最美花卉观赏地"称号。

从牛背山上遥望晨曦中的贡嘎群峰,犹如金色波涛

麦苗青、菜花黄，荣经河滋养的这片大地上，阡陌纵横，一派宁静的田园风光

2018年与2019年，荣经连续两年荣登"中国最美县域"榜单；2020年荣经县青龙镇柏香村、凤凰村、泗坪乡断机村、五宪镇烟溪沟村、牛背山镇双林村入选国家林业和草原局颁布的国家森林乡村。

荣经有龙苍沟国家森林公园、数十万亩野生珙桐林、亚洲最大360度观景平台——牛背山、古桢楠群落等自然资源，是最有吸引力的森林康养旅游胜地。

三线交织孕秘境

从地图上看,有三条著名的地理线经过了荥经。

一条是大名鼎鼎的"北纬30°线"。这是一条贯串四大文明古国的纬线,也是一条经常出现神秘事件和奇特现象的纬线。一提起它,人们就会想到巧夺天工的巴比伦空中花园、神奇的金字塔、诡秘的百慕大……荥经正好处在"北纬30°线"上。

一条是"华西雨屏带"。这条线在四川盆地西缘,具体的走向是夹金山、二郎山、泥巴山、瓦屋山一线。荥经恰好位于"华西雨屏带"上。由于二郎山和泥巴山等地形的影响,雨日和年雨量都特别多,荥经龙苍沟被称为"天漏之心"。"华西雨屏带"是我国年平均降雨量最大的地区,70%以上的雨都发生在夜间,很多时候雨从入夜开始飘落,天明即云散雨收,是比较罕见的气候地理单元。这是一个复合的生态过渡区域,是生物多样性热点地区之一,拥有大量珍稀独特的动植物。

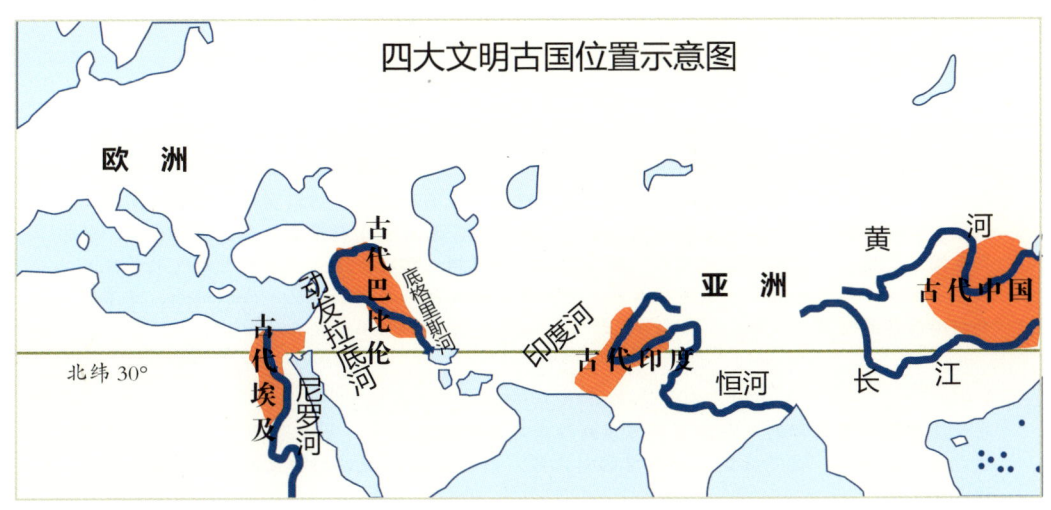

四大文明古国都发源于神秘的北纬30度附近

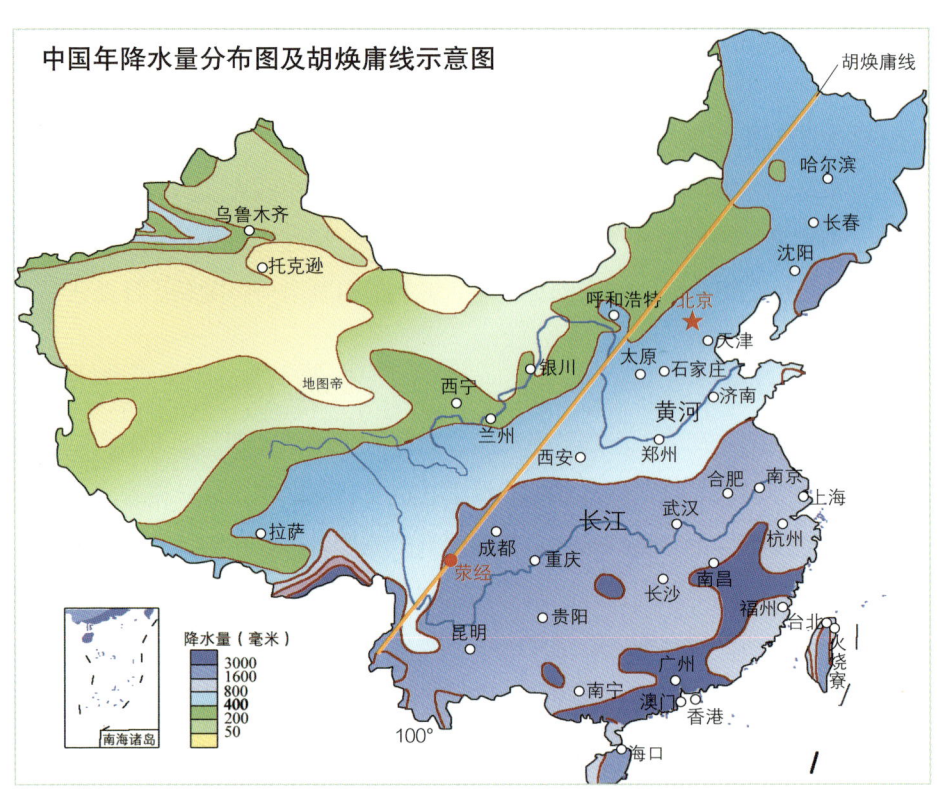

华西雨屏带

能够显示"华西雨屏带"的图，应该就是这张中国年平均降雨量图。暗红色的曲线是年均雨量800毫米的等值线。由于地理和地形的影响，在秦岭南部—四川盆地西部—云贵高原北部，有一个年均雨量800毫米左右的明显的分界线，过去气候和地理学常将这个分界线称为"华西雨屏"。特别是在华西雨屏的高降雨区内，地处青藏高原东坡、四川盆地西缘的雅安市雨城区和荥经一带，由于二郎山和泥巴山等地形的影响，雨日和年雨量都特多，历来素有"雅安天漏"之称。"清风雅雨建昌月"概括了古西南丝绸之路牦牛道上三个典型的气象景观。风即清溪（今四川省汉源县清溪镇古城）的劲风，雅雨即今雅安雨城区一带的烟雨，建昌即今四川西昌的明月

胡焕庸线

在此地图上从东北部的黑龙江省黑河市到西南部的云南省腾冲，大致为45度倾斜的橙色直线就是胡焕庸线。这是我国人口密度的对比线。线之东南方36%的国土面积上居住着96%的人口

第三条是"胡焕庸线",这是我国著名地理学家胡焕庸先生在1935年提出的划分我国人口密度的对比线。这条线从黑龙江省黑河市到云南省腾冲,大致为45度倾斜的直线。线之东南方36%的国土面积上居住着96%的人口,以平原、水网、丘陵、喀斯特和丹霞地貌为主要地理结构,自古以农耕为经济基础;线之西北方人口密度极低,是草原、沙漠和雪域高原的天地,自古以来是游牧民族的天下。这条分界线两边是两个迥然不同的自然和人文地域。荥经恰好位于这条奇妙之线的东侧,与当地处于四川盆地与青藏高原的过渡地带这一地理特征相呼应。荥经以西是一派高山草原景观,粗犷、豪迈、辽远,是游牧民族的风情;以东则是一幅市井田园之风,小巧玲珑、秀美细腻,是农耕文明的风采。而身处其中的荥经,则是农耕文明和游牧文明之间的融合地带。

"北纬30°线""华西雨屏带""胡焕庸线",三线交织,织就了荥经的清雅温润。

红腹锦鸡

藏酋猴

林麝

羚牛

大熊猫"星辰"

动物活化石——大熊猫

关于荥经有大熊猫的最早记载最早出现在先秦重要典籍《山海经》里。西晋训诂学家、地理学者郭璞注释说"邛来山，今在汉嘉严道县南"，"出貊貊，似熊而黑，白驳，亦食铜铁也"。这说明人们很早就知道严道县南山里有一种偶尔也吃铜、铁的大熊猫。

荥经因其绝佳的地理环境，优越的生态禀赋，成为生命的避难所，熊猫才得以在此繁衍生息。2017年国家深改委规划的大熊猫国家公园中，"邛崃山—大相岭片区"是大熊猫分布最广的区域。荥经县是全球34个生物多样性保护热点地区之一，也是大相岭山系大熊猫野外种群的重要栖息地，近50%的幅员面积被划入大熊猫国家公园。目前有野生大熊猫29只。2018年2月，大熊猫"和雨""星辰"入住大相岭野化放归基地。

位于大熊猫国家公园南大门的荥经，为了科学保护和合理利用这得天独厚的资源，探索出"三大圈层"的发展模式，构建核心保护圈层、外围协调圈层、功能承载圈层。以"一线五点"布局森林康养度假产业，推出了最美大道——熊猫翠竹长廊，最暖小镇——熊猫温泉小镇，最悠乡村——熊猫民宿村，最奇桌山——熊猫康养天堂，最养胜地——熊猫宁静谷，最优基地——熊猫放归基地。美丽的荥经，吸引着爱自然、爱熊猫的人们，来此共享天地的和谐之美。

这三张图看似普通，却蕴含着大熊猫演化的胜利：前肢强壮有力，是爬树高手，幼年大熊猫经常爬在树上，这样在妈妈离开去找食物时就比较安全；把东西拿起来吃，可不是一般兽类可以做到的简单事情。大熊猫为了适应食竹，演化出独特的伪拇指，所以才能握住竹子大快朵颐

入住大相岭野化放归基地的大熊猫"和雨""星辰"

植物活化石——珙桐

　　1869 年，继发现大熊猫、金丝猴后，法国传教士、博物学家戴维还发现了一种当地人称为"水冬瓜"的植物。时值五月，树上开满了洁白的"鸽子花"。他对这种从未见过的植物非常着迷。两年后，他将这种奇特的植物标本带回法国国家博物馆后，在法国植物学界和园林界引来了一片惊叹。这种优美的植物就是 1000 万年前新生代第三纪留下的孑遗植物，我国特有的珍稀植物，濒临灭绝的国家一级保护植物，被称为植物界"活化石"的"中国鸽子树"——珙桐。1904 年，这种植物被引入欧洲和北美洲，成为有名的观赏树。

　　2008 年 4 月，荥经县联合华中农业大学进行专项科考，发现了近 10 万亩珙桐群落。其中黄沙河、清水河流域珙桐分布面积 79787 亩，集中成片分布 39440 亩。国内珙桐研究的权威专家、华中农业大学园艺林学院院长包满珠等组成的专家团实地考察后称，密集程度如此之高、面积如此之大的成片野生珙

桐树在国内十分罕见。2011年《中国国家地理》杂志第8期刊载了《荥经发现了中国面积最大的野生珙桐林》一文，引起了轰动。截至目前，荥经共发现30万亩珙桐，是世界最大的野生珙桐群落分布县。

每年四五月间，龙苍沟密林深处、大相岭河谷、茶马古道沿途的鸽子花漫山遍野盛开。微风吹拂，白色的苞片在绿叶中浮动，好像成千上万的"鸽子"在山间河畔舒展白羽飞翔，煞是好看。

2013年，国家林业部门授予四川省荥经县的"中国珙桐之乡"称号，荥

每每四五月之交，珙桐花盛开，大片的野生珙桐林如白鸽展翅的海洋

经从此成为我国稀有的"中国野生植物之乡"之一。荥经县龙苍沟也被四川省动植物保护协会授予"四川十大最美花卉观赏地"称号，牛背山和鸽子花景区则同时被评为"四川100个最美观景拍摄点"。

人间最美荥经四月天。每年四月底，荥经鸽子花生态旅游节都如期而至。群山环抱，绿树明翠，鸽子花开。到荥经"森"呼吸，看云海望星空，沐清风雅雨，感受"森林与健康"，这些是荥经最让人向往的理由。

天 | 赐 | 美 | 景

亚洲最大360度观景平台——牛背山

说荥经，不能不说牛背山；到荥经，不能不到牛背山。

遗世独立的荥经牛背山，位于荥经县牛背山镇，原名大矿山、野牛山，一说因山上多野牛而得名，一说因山头突出酷似牛头，山脊平缓酷似牛背而得名。最早向外界展示其美的摄影家，是《中国国家地理》杂志的特邀摄影师吕玲珑。

2009年，《中国国家地理》杂志让牛背山一夜成名："一道霞光忽然晕

染了东方的天际。在波涛滚滚的云海之上，一座座山峰梦幻般呈现开来，极目而望，自东向北，再向西，泥巴山、瓦屋山、峨眉山、夹金山、四姑娘山和二郎山，几乎天府之国的所有名山峻岭在此时都变成了玲珑盆景。而翻滚的云雾之下，群山丘陵逐级降低，缓缓融入广袤的天府平原。"

"牛背归来不看云"，站在牛背山上，你的眼里，是云海云瀑，是日出日落，是日照金山与浩瀚星空……它那美得让人心跳、庄严得让人窒息的风光，被誉为360度全方位"亚洲最大的观景平台"和绝佳摄影圣地。

云瀑是近年来出现的景观名词，是指云雾在越过山岭时会自然下降，形成水瀑一般的视觉效果，但是其面积、规模都会比水瀑壮观。《中国国家地理》杂志主编单之蔷说：牛背山是中国欣赏云瀑的最好点位之一。形成云瀑离不开几个自然条件，一是需要有山，作为云雾爬升和下

"牛背归来不看云"。站在山顶，奔涌壮阔的云海奇景让人心潮澎湃

牛背山成为了户外爱好者和摄友的新宠。观赏日出日落绝美景观的人们趋之若鹜

降的物理条件；二是需要形成大量的水凝结物。而牛背山所处位置正好为四川盆地与青藏高原的交汇地，东西向的冷热气流在这里碰撞，形成大量的降雨和云雾，为云瀑的形成又作做了物理条件的支撑。群山云瀑、日出日落与杜鹃花海，成为了今天让世人向往的美景"牛背山景观群"。

似乎一夜之间牛背山出了名。然而，正如"山一直在那里"一样，当地人最爱叫的还是大矿山、野牛山。这座山，《山海经》称崃山，《华阳国志》叫长岭，又名邛崃山、邛来山、邛笮山、邛筰山。唐李吉甫《元和郡县图志》载："邛来山，在县西五十里。本名邛笮山，故笮人之界也。"古时为邛人、笮人的分界处。在宋代经过荥经的官道改道前，这里是"南丝路""茶马古道"的必经关隘。汉置邛崃驿，隋置邛崃关。唐中叶以来，西南多战事，邛崃关遂为重地，先后数次与南诏军战于邛崃关。倘若邛崃关失守，南诏军就长驱直入进犯成都。或许正因为唐在邛崃关与南诏军数次作战而关破失守，最终导致了邛崃关被废弃。大约宋时，经过荥经的官道开始改道大相岭，从此，牛背山曾经的名字邛崃山被人遗忘，以致后人误认为大相岭是古邛崃山。

在地质构造上，牛背山属大渡河背斜，位于荥经县牛背山镇（原三合乡）境内，与泸定县接壤，是青衣江与大渡河的分水岭，是荥经河之荥河的发源地。荥河古称邛水，《汉书·地理志·蜀郡》记载："严道邛崃山，邛水所出，东入青衣。"牛背山山岭总体为南北走向，包括野牛山（海拔3666米，是荥经县最高峰）、大野牛山（海拔3409米）、光头山（海拔3478米）、马场梁（海拔3499米）、娘娘山、大矿山等主要山峰。

牛背山大山环抱，沟壑纵横，资源丰富。距今约8亿年前的元古代晚期，由于晋宁运动，形成石龙门花岗石。震旦纪，地壳剧烈运动，岩浆浸入，形成大矿山、小矿山锰铁矿、山青林铜矿和宝贝凼铅锌矿。

从矿山到景区，是县域经济转型发展的典范。经过旅游规划和打造，牛背山景区于2020年下半年向世人展露新颜。3666米的巍峨高度，360°的宏阔视野，瞬息万变的云海，四时不同的景观，使之成为"亚洲最大360度观景平台"和绝佳摄影圣地。牛背山最著名的有日出、云海、佛光、夕阳、星空、日照金山、云端杜鹃七大景观。

牛背山七绝

2009 年被摄影家赞为"亚洲最大 360 度观景平台"的牛背山,一夜之间成为摄影师和驴友们最向往的目的地。驴友在网络留下这样的感言:"这是怎样的一幅大自然的壮美画卷啊!奇丽无比,瑰丽无限。我发觉自己根本不能用语言来表达,只能沉默,沉默是被大自然征服后的无语。整个辛苦的路途,现在全成为美的享受了,真是牛背归来不看山,牛背归来不看云。"关于牛背山的美景与传说,迅速热传,来此观日出、云海、夕照、星空、花海、佛光的人络绎不绝,许多摄影大师,都定格了精彩一瞬。

日出

牛背山看日出,通常要在日出前约 40 分钟到达山顶。初见东边瓦屋山和峨眉山方向露出一线霞光,慢慢地变亮,太阳像一个红红的火球在霞光中慢慢地升起来,在太阳离开地平线的刹那间,迸发的万丈光芒将天地万物点亮。在云开云合之时,忽而虚无缥缈,霞光万道;忽而云动山舞,奔腾激荡。雾来云往时,层层叠叠,曼妙柔纱,亦幻亦实

云海

牛背山的云海磅礴、奇幻，时而平缓，时而汹涌，时而沿着山脊倾泻而下，让人感觉踏步于空中。那些云瀑，可以从你看不到的高度倾泻而下，又在眼前滚滚飘逸，永不停歇。大多数时间，从观景平台到目光所能及的远山，云海浩荡千里，浓密、纯净。置身其间，你可能一直在怀疑，这些云到底是从天而降，还是由地而生？

日照金山

远处的雪山一改静谧中的庄严与圣洁，在金光的撩拨下，慢慢地褪去了身上的素装，披金挂银，在无边的云海里畅泳

佛光

牛背山上有时会看到奇特的佛光。用光学的知识解释佛光的形成是光源（通常为太阳光）从观察者身后射来，在云雾表面所起的衍射和漫反射作用形成的。但人们更愿意相信，佛光是从佛的眉宇间放射出的救世之光，吉祥之光，只有与佛有缘的人，才能看到佛光

夕阳

在牛背山上，每当太阳从贡嘎山主峰和中山峰之间慢慢西沉，天色渐渐变暗，天边就会变成血红色。夕阳把这片翻滚的云海渲染得更加灿烂，使人无法想象高原的黄昏竟是如此绚丽多彩。特别是当太阳躲进薄薄的云层里，一束光簇拥另一束光，透过云层打在云海上，为这片金色的海洋增添更多的奇幻景观。那些随之翻滚的云海和起伏的山峦，更是为这美景增添了无穷神韵

星轨

拍摄星轨需要摄影师把相机对着星空长时间曝光，由此拍摄的照片显示恒星在夜之苍穹下的移动轨迹。当然，也可以说星轨就是我们地球自转的反映

星空

《中国国家地理》在牛背山上树立了"四川100个最美观景拍摄点"标牌。夏夜星空下，一些搭好帐篷，架好脚架，等待长时间曝光拍摄星轨的发烧友在牛背山顶随处可见。人们坐在空寂的山顶，仰望触手可及的满天星斗和银河，感受自己的内心

与造物游

云端上的杜鹃

杜鹃在五月底六月初盛开在牛背山的山顶与山腰之间，千姿百态、艳丽多彩。有的壁立山崖，迎风摇曳，悠然自得；有的铺满山坡，争奇斗艳，娇态含羞。成片的杜鹃与草坪、奇峰、云瀑相映成趣，尤其是高山杜鹃如阆苑奇花，极大丰富了牛背山云端观景

龙苍沟国家森林公园

　　龙苍沟国家森林公园位于四川盆地西部边缘,距成都175公里,隐藏在亚洲最大的桌山——瓦屋山下,是雅安境内最后一块尚未示人的神秘之地,是荥经森林资源最为丰富的区域之一,是距离成都最近的保存完好的原始森林生态系统。从这里远眺瓦屋山,但见云雾之上,飘浮着一艘巨大方舟。龙苍沟国家森林公园总面积约7500公顷,有龙苍沟、杜鹃沟、珙桐沟等主要景区。

"森呼吸"龙苍沟

　　作为"天漏之心"的龙苍沟,丰沛的降水是经河的源头活水,大小溪流顺着大相岭山脉绵延的山势汇成了人参沟、龙苍沟、马草河三条较大的水系,自

南向北汇入经河。龙苍沟巨大的森林生态系统孕育出了数以万计的物种，也成为这片亚热带丛林中一道靓丽的景观。

龙苍沟四季分明，是春赏山花，夏戏溪水，秋观红叶，冬戏瑞雪的休闲旅游胜地。峰峦千叠，溪瀑纵横，云腾雾涌。登高揽胜，近可挹青翠，远可收黛绿。站在山巅，但见脚下云行雾绕，波起云涌，恍如蓬莱，疑为仙境。晨观云海，暮赏烟霞。"不是青莲居士在，何人放出玉芙蓉。"古人诗句描述，恰是龙苍沟绮丽风光的写照。

龙苍沟仿佛是青衣江这个美丽清雅女子的善睐明眸，是"美丽中国·森呼吸小城"荥经的温柔召唤。

云雾缭绕的龙苍沟是世界上最滋润的地方

国家 AAAA 景区——叠翠溪

叠翠溪景区内层峦叠嶂，漫野披翠。溪流婉转，缓急有致，或成瀑布跌宕而下，飞翠溅玉，气势壮观；或依山淙淙而下，珠帘挂壁，绕树生烟。河床时宽时窄，秀石遍布。青峰翠岭、深谷幽涧与激流、跌水、深潭、飞瀑共同构成一幅秀丽山水画卷。

叠翠溪景区第一期可游览的面积约 157 公顷，主要是一条长约 7 公里的生态溪谷游赏线路，有观光车接送服务。其中大小景点 10 余个，全程游览时间步行约为 2 小时。游客可在景区内缘溪而上，徒步穿越。在浓荫滴翠的天然氧吧中游览"山花笑渌水，岩岫舞青烟"的胜景。归时则可在碧溪上闲弄舟楫，体验"谁家扁舟子，最是武陵人"的世外闲情。

龙苍沟国家森林公园，是距离成都最近的保存完好的原始森林生态系统

荥经 家在清风雅雨间

龙苍沟溪水一路欢歌，穿越幽静深邃的山谷，冲开一块横亘在沟中的巨石，形成了一座天生桥。让人惊叹大自然的鬼斧神工。

冬日的龙苍沟——一个银装素裹、宛若仙境的冰雪王国

龙苍沟其他景点

到龙苍沟，还可以去大石坝看珙桐林，倚山照水花无边；可以沿着苔痕斑驳的小径去瓦屋山寻幽问禅；可以去杜鹃沟看原始森林里的簇簇山花；去天生桥领略大自然的鬼斧神工；可以去黑石公园，与一片郁金香花海浪漫邂逅……

这里可以畅游，还可以小住。从雅致的精品酒店到自然纯朴的农家乐，可奢可简，选择很多。比如隐于苍茫林海和翡翠湖边占地面积7000平米的精品酒店——宽山隐庐，沿袭了隐庐系一贯的自然轻奢格调，野卉点缀着视线所及角落，彰显着地方文化特色的荥经砂器和藏茶精致而散漫的点缀各处，彰显出宽山大境、隐庐幽思的自然轻奢格调；还有周围小镇、老村的山庄、森林客栈，可以相伴青山，枕眠流水，品尝山野果蔬，安抚浮躁的灵魂。

这里离尘嚣很远，离山水很近。

珙桐花被称为鸽子花,是因其盛开时,紫色头状花序如鸽子的头部,绿黄色的柱头像鸽子嘴,而我们通常以为是花瓣的,其实是花序基部两片巨大的雪白苞片,其状如鸽子翅膀

荥经县鸽子花生态旅游节

从 2009 年开始,每一年春末夏初,满山遍野白鸽展翅之时,"荥经县鸽子花生态旅游节"都如期举行。活动内容主要包括鸽子花下女子成人礼、黑典黑砂文创活动、龙苍沟森林马拉松赛、自然生态体验教育(荥经)大课堂、荥经鸽子花节美食品鉴等。让游客感知原始森林、鸽子花海之美,品味荥经传统美食之绝,全方位了解荥经的历史文化、民风民俗。

如今,"鸽子花"已成为荥经的名片,并以其独特的魅力吸引四方游客来此观光旅游、康养度假,参加研、学、游于一体的森林运动。

鸽子花下的女子成人礼

在我国传统礼仪中，笄礼，即女子成人礼，俗称"上头""上头礼"，是汉族女子成年的重要仪式，标志着女子成年后应对家庭、对社会尽职尽责，"兹尔及笄，有敬来宾，咸集致贺，答谢光临"。

鸽子花下女子成人礼活动，突出"雅女"特色。活动邀请本地德高望重的女性长者、及笄之年的少女和期待成长的少年儿童，通过汉服成人礼，传承中国古老礼仪文化，感知和平、纯洁的鸽子花精神品格。仪式现场，无论是背景音乐、服装设计还是动作仪态，都给人一种高雅端庄的古典意韵。随后，在正宾（同性长辈）的帮助下，盘头加笄，更换礼服，执酒进馔，再由长者赐字赠言，完成整个成人礼。整个笄礼仪式是对刚成年女孩子人生责任、社会角色的提醒，演绎着美丽、优雅、温婉、贤淑，传承了自尊、自律、自强、自立的中国女性美德。

参加成人礼的少女，身着古装在鸽子花下留下倩影

一分南北大相岭

"高五六十里,四时多雪,昼日晦暝","非遇哨期群百数十人则不敢过",这是明杨升庵眼里的大相岭。《一统志》记载:"大相公岭在雅州荣经县西一百里,相传诸葛公征西南夷经此。上有诸葛庙。"《太平寰宇记》记载:"相公山,汉相诸葛亮常驻兵于此。"但事实上,诸葛亮并没有到过荣经,只是讹传而已。

一般认为,从宋开始,宰相即被尊称"相公"。大相岭之得名,或在宋代。因中晚唐以后,大渡河以南归南诏,荣经、汉源一带与夷獠接壤,百姓时常遭受战乱与掳掠之苦,所以当地百姓思念诸葛亮七擒孟获、安定南中的太平治世,而将此山称为"大相公岭",以求庇护。元明以后,大相岭之名逐渐被官方承认。

从荣经翻越大相岭到清溪,向西经过宜东、三交,翻越飞越岭进入泸定,再经磨西到康定的这条路,被称为"大相岭古道"。2019中国森林旅游节森

山光悦鸟性,潭影空人心

林旅游推介会上，大相岭森林古道被评为全国最美森林古道。

泥巴山是大相岭上的诸山之一，峰高3300米，垭口海拔2552米，是从东北方向远眺贡嘎群峰的绝佳观景台，也是翻越大相岭这个著名的气候分水岭的必经之路。一条呈之字形蜿蜒而上的国道108线由此通过。

雅西高速公路由四川盆地边缘向横断山区高地爬升，沿"南丝路"穿越中国大西南地质灾害频发的深山峡谷地区，被国内外专家学者公认为国内乃至全世界自然环境最恶劣、工程难度最大、科技含量最高的山区高速公路之一，也被称作"天梯高速""云端上的高速公路"。其泥巴山（大相岭）隧道，全长10多公里，是我国西部复杂山区高难度公路隧道的典型工程，是四川省已建成的第二长的公路隧道。

苔痕无声诉沧桑

"坤维盘错百千层，相岭岧峣试陟登……平铺云气尘寰远，屈折山蹊古迹仍。"清人金朝觐的这首《相岭》，依然让人遥想"荥经八景"的"相岭积雪"，以及百里积雪下那翻越大相岭的背夫背影。

云海上的"方舟"——瓦屋山

瓦屋山是亚洲最大的桌山。因山峰形似瓦屋,故名。

"瓦屋寒堆春后雪,峨眉翠扫雨余天。"北宋熙宁九年(1076),苏轼在密州任上寄赠眉州黎錞的诗中与峨眉并举的这座山,就是日夜守护荥经县境东南的瓦屋山。瓦屋山是荥经县与洪雅县的界山,为邛崃山脉南部大相岭东段分支,与峨眉山可谓"蜀中二绝"。

自唐以来,著名文人如岑参、陆游、苏轼、苏辙、范成大等在游历瓦屋山时,都留下了脍炙人口的诗句。除苏轼外,如陆游"山横瓦屋披云出,水自牂牁裂地来",程少逸"楼面环开紫翠屏,峨眉瓦屋共前楹",范成大"未论万户比封君,瓦屋人家衣食足",都写出了荥经瓦屋山的人文风情与富庶。明崇祯二

年（1629），担任荣经县令的张维斗作《瓦屋山赋》说："睠邛崃之故墟兮，天积险而屯昏；惊九折之纡回兮，怀叱驭之雄心。孰是弹丸之界，而有瓦屋之神奇兮，适得井鬼之灵气，融结而成形……"写出了瓦屋山之险峻灵秀。

瓦屋山最高海拔2830米，山顶浑圆，四周壁立千仞。周围断崖深切，陡峭如壁。西坡较缓，植被茂密，是经河发源地。

瓦屋山有野生动物890种，拥有大熊猫、羚牛、金钱豹等国家重点保护野生动物50种，其中国家一级重点保护

1908年9月，英国旅行家、植物学者亨利·威尔逊考察瓦屋山。对于眼中的"自然公园"瓦屋山，他激动地写道，"瓦屋山是峨眉山的姊妹山，远望去就像一艘漂浮在云雾中的巨大方舟……"

白眉姬鹟

桫椤

凤蝶

连香树

物种8种，鸟类309种，是国际重要的观鸟基地。因地处中国华西雨屏地带，山顶81个泉眼形成72条瀑布，其中多条落差超过400米，世界罕见。

瓦屋山有植物3500多种，其中国家一级保护植物7种，国家二级保护植物25种，中国特有属植物如珙桐、连香树34种，以瓦屋山命名的植物12种，有数十万亩杜鹃、珙桐，被誉为"中国鸽子花的故乡"和"世界杜鹃花的王国"。杜鹃花是中国的骄傲。它的多样性中心就在中国喜马拉雅地区。这片包括川西在内的不大的地方，可能也是杜鹃花属植物独立起源的中心。早在1889年，英国博物学家普拉特以"嘉定—峨眉山—瓦屋山—泸定—康定—折多山—康定北部—宜东"的路线旅行，就特意考察了瓦屋山上的野生杜鹃。英国《植物大辞典》中就收录有17种在瓦屋山区发现并以瓦屋山命名的杜鹃花。

树生杜鹃

银叶杜鹃　　芒刺杜鹃

美容杜鹃　　腺果杜鹃

目前全世界近1000种野生杜鹃花中,有571种产自中国,其中409种都是中国特有种。其中,瓦屋山长着超过40种的杜鹃花,这一数量占四川省杜鹃花种类的五分之一。银叶杜鹃、芒刺杜鹃、美容杜鹃、腺果杜鹃、树生杜鹃是四川特有种。

深山藏古寺，被誉为"西蜀名刹""严道奇观"的云峰寺就掩映在郁郁苍苍的古树名木间

"马耳朝霞"眺云峰

云峰山风景名胜地，总面积15平方公里，由自然生态观光区、宗教文化区、农业生态区等三部分构成。

荥经八景之一的"马耳朝霞"即位于自然生态观光区内。风景区内的最高峰马耳山，海拔2628米，因山峰像一对竖立的马耳而得名。马耳山有深槽，称马耳槽。槽中有洞，叫朝霞洞。洞内有钟乳石，支路甚多，幽深奇险。山上林木葱茏，不仅有成群的野生动物，还有许多珍稀名贵植物，包括银杏、古杉、紫荆、黄桷楠等，是自然生态的天然氧吧。晨曦初露，旭日东升，远眺马耳双峰，矗立在一片红霞中。云遮雾绕，美不胜收。当地的老人还能唱一曲山歌《马耳山谣》。

宗教文化区的主体是云峰寺，它背靠马耳双峰，左有青龙岗，右有白虎岗，坐东向西，三面环山，旁临九龙溪泉，面对天然"四大天王"巨石。远远望去，寺庙正好坐落在一把椅子的中间。

农业生态区种植了成片的猕猴桃等经济作物。每到春季，满山果树花开，把这带山野装扮得五颜六色，格外动人。而当果实缀满枝头的时节，又是都市人群体验田园风光、采摘丰收的最佳去处。

云峰山为国家4A级景区，由千年古刹云峰寺、中国最大的古桢楠林、九龙溪景区、生态农业观光区等组成

云峰寺里十来人才能合抱的千年桢楠，见证了寺庙悠久的历史

史海钩沉篇

荥经在上古大禹时期属于梁州之域，商时期归属氐羌的地域，到了周代，这一片区属雍州，春秋战国时就成为了蜀国的地盘。秦灭巴蜀之后，为了更好地控制西南地区，秦惠文王更元十三年（前312）置严道。治所在荥经古城坪，所辖范围极广，甚至包括《史记》所记载的颛顼生地之若水流域。自汉唐以来，荥经作为边关重镇、战略要塞，更是频繁出现在史书里。随着考古工作的深入，不断有文物和遗迹被发现，精美的楚式青铜器、大量的巴蜀印章、小小的严道封泥、重现人间的何君阁道碑……种种故事和传说也渐渐撩开了其神秘的面纱，无论是神秘不知所踪的岷山庄王，还是开辟南方丝绸之路的惊险，亦或是独树一帜的辟支佛道场的悠长梵音，等着我们一道去探求迷踪。

一片片富有想象力的荥经茶叶，乘着西风瘦马和靠着背夫坚实的脊梁，踏着古道，此去万里。通过茶与马的贸易，荥经人实现了一个裕国兴家的梦想。

"金沙水拍云崖暖，大渡桥横铁索寒。更喜岷山千里雪，三军过后尽开颜。"当地球上最美的"红飘带"飘过雅安、飘过荥经的时候，中国工农红军，给这片富有激情的土地赋予了一种怎样的奇迹与新生，勇救毛泽东的胡长保以及众多红军战士的英魂永远留在了美丽的荥经，而荥经人黄英夫、程子健、张天武等也追随这条红飘带走上了为人民谋幸福的革命道路……

远 古 回 响

颛顼传说

传说上古时期华夏人文始祖，五帝之一的颛顼帝降生在古严道所辖的若水河畔，因此荥经被称为颛顼故里。

司马迁的《史记·五帝本纪》记载，嫘祖为黄帝的正妃，生有两个儿子，一个取名玄嚣，一个取名昌意。昌意降居若水，后来娶蜀山氏之女昌仆，生子名高阳。少昊帝死后，共工氏与高阳争夺帝位，高阳战胜共工，成为颛顼帝。颛顼被誉为华夏人文始祖。《史记》中记载，他镇静沉稳又有谋略，通达事理，依赖土地获取财物，推算四时节令以顺应自然，依顺鬼神以制定礼仪，理顺四时五行之气以教化万民，洁净身心以祭祀鬼神。后来，他统治的疆域，北到幽陵，南到交趾，西到流沙，东到蟠木。其间所有鸟兽、草木、山川、江河，乃至大小神灵，凡是日月照临的地方，全都归附于他。传说他创立的《颛顼历》经世久远，深受后世重视，经过秦汉两代的修订颁布全国实行，影响深远，直至今日。

史书所载颛顼出生在若水，若水理所当然成为了故里之争的焦点。古往今来有关若水所在地，形成了多种多样的理解，衍生出多个颛顼故里，有荥经说、冕宁说、米易说、汝州说、濮阳说等等。能够支撑其在荥经的论说最早见于康熙年间《古文观止》的编者吴乘权纂成的《纲鉴易知录》。他在书中"颛顼"条下注释说，"若水，即今雅砻江，在今四川荥经县"。荥经县的举人汪元藻于1915年为《荥经县志》作序时，也采纳了这个说法。他认为，"若水即荥经，荥经即若水"。根据他的观点，荥经即为颛顼故里。

对于若水是否在荥经，荥经学者吴阿宁也做了详细的考证。他认为，若水不在荥经，但也指出，"若水在严道"这种说法是有可能的，其依据是古严道的辖区曾经包括若水一带。荥经学者何元粲《严道考》在论及古严道范围时也有类似的论述。

在神秘的川西，盐亭有嫘祖故里，北川有大禹故里，均似神话一般，一定要用考古发现来证实是相当困难的，就像要证明盘古开天辟地一事，何人能为？人文始祖之一的颛顼，一直如此神秘而缥缈！幸运的是，荥经人民为天下的华人，修建了一个可以缅思颛顼的地方。

荥经河蜿蜒流淌，滋养着生命，孕化着文明

荥经颛顼广场

古蜀文化的南大门

荥经虽处西南边隅,但上古时期文化发展却比较多元化。1985年1月,县博物馆的考古工作者在紧依县城的同心村,发现了古巴蜀时期的土坑墓。令考古工作者惊讶的是墓葬中不断有石器出土,有的是从石块上打下来的石片,有的是剥离石片后余留下来的石核,还有一部分就是利用这些石片和石核制作而成的简单工具。此外这里也还出土一些半成品,包括磨石、石料等,而且有若干排列整齐的大砾石,应该是古人搬运堆砌而成。考古学家认为这里可能是一处石器制作场。这些石器包括宽大厚重的盘状砍砸器,类似于我们现今所用的斧头;有些是体形轻薄的刮削器,类似现今使用的刀子。特别引起考古学家注意的是一种有肩石锄,其制作方法为先从花岗石上打下石片,再打击加工成有肩锄形,一面保留砾石自然皮面,而在腰部和刃部保留有明显的打击痕迹,少许在刃部略加磨制。这种有肩石锄并非当地独有,这批石器的特征基本同于

原始人生活场景想象复原图

商周时期雅安雨城区沙溪遗址中出土的相应器物。这种以有肩石锄为典型特征的早蜀器物类型，曾在青衣江沿线的芦山、天全、雅安、洪雅、夹江以及乐山等地发现过，它们具有鲜明的地方特色，是新石器时代古蜀文明重要遗物。

类似的有肩石器也在我国西南、东南、华南地区以及东南亚、南亚地区发现过。不同的地域和文化背景的人却使用着基本相同的石器工具，这背后往往隐藏着人类迁徙与文化交流传播的历史背景。有肩石器进入青铜时代后便消失踪影，但其给古代西南地区青铜文化留下了不可磨灭的烙印。除巴蜀文化外，滇文化和夜郎文化中也发现形制与有肩石器基本一致的带肩铜钺，可能是模制而成。巴蜀文化经此向南传播，无怪乎荥经有"古蜀文化的南大门"之称。

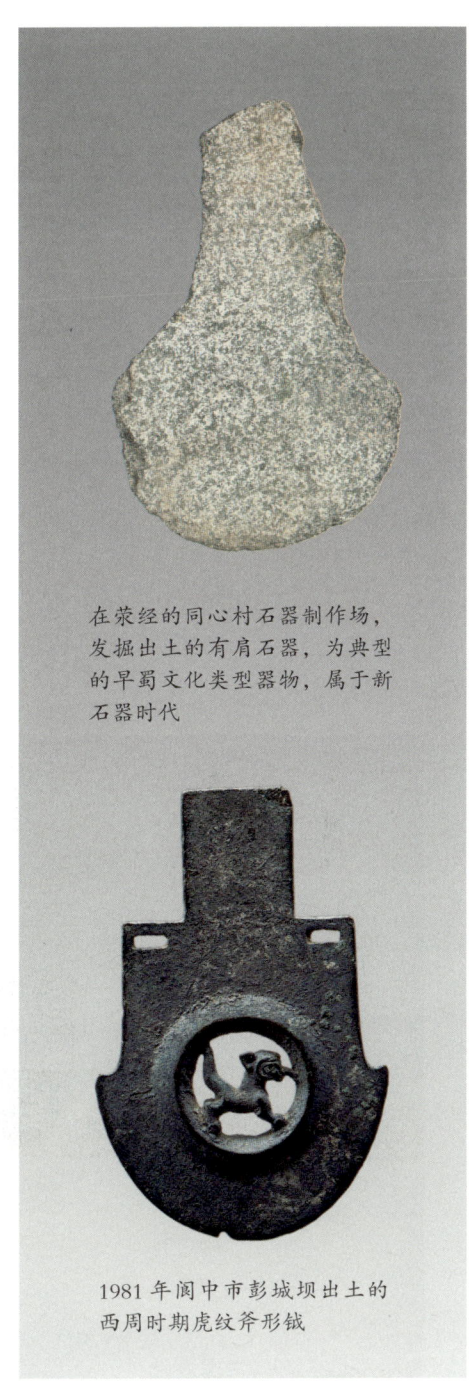

在荥经的同心村石器制作场，发掘出土的有肩石器，为典型的早蜀文化类型器物，属于新石器时代

1981年阆中市彭城坝出土的西周时期虎纹斧形钺

1985年，荥经同心村出土了一批新石器时代的遗物，其中的几件有肩石锄，引起了众多考古学家的关注。这种有肩石器形制特殊，类似的造型在我国南方地区乃至东南亚、南亚等广袤的范围内均有发现，表明荥经古文化与外部世界曾有过广泛的联系。此后，西南地区的青铜器中发现了与之类似的有肩铜钺，则体现出这一器物文化的传承与变迁

严|道|巍|然

古城遗址

在今天荥经县城西面，保存着一座历经风霜的千年古城，它就是作为全国重点文物保护单位的"严道古城"。

古严道所辖范围主要在四川盆地与青藏高原交汇之处，扼守西南咽喉，实为边塞之重镇。学者刘弘《巴蜀戎事考》指出，古蜀"以南中为园苑"，分南

历经几千年的日晒雨淋，严道古城部分残存的城墙矗立至今，让我们得以一窥此地曾经的辉煌

历经千年风雨，曾经繁华的严道古城已成桑田

北两线设军事据点，其中在僰道、严道、汉嘉、犍为、峨眉设为南线，威慑西南诸族，严道则地控邛笮。

秦汉时期，严道治地即今荥经县城，隶属蜀郡。古严道县辖区极广，管辖范围除今荥经县外，还包括今雨城区、名山县、芦山县、宝兴县及天全县东部与西部、汉源县和洪雅县的部分地区。汉初严道仍隶属蜀郡。严道古城的发掘，让人们能够想象和触摸昔日的严道治地。

良好的防御性是评判城池品质好坏的重要标准之一。固若金汤的防守除了依靠高大的城墙和优秀的守城士兵外，城邑的地理位置也是必不可少的要素。严道古城就是这类城址中的佼佼者。严道古城营造于荥河水南岸的第三台地上，高出荥河水面约40米，台地东西长约900米，南北宽约750米，面积相当于八个足球场那么大，是一块少有的

荥经
家在清风雅雨间

平坦区域。严道古城由主城和子城两部分组成。与同时期的其他城址一样，严道主城平面呈正方形，东西长 400 米，南北宽 375 米；子城设置在主城西北的第二阶地上，因地形所限，平面近乎长方形，东西长约 300 米，南北宽 200—270 米。主城和子城的城墙用夯筑法修建。夯筑法在我国建筑史上历史悠久，大约在四千年前出现。由于历经风雨，主城的保存状况不算太好，早已千疮百孔，仅有南墙及东北角的城垣保存较好，城墙夯土内包含有汉代陶罐、钵、板瓦、筒瓦、砖等残片。考古专家还在南墙处发现有城门遗迹，该城门是由两扇板门组成，城门上可能还修有门楼。城之东为打虎溪，南面为中峻山，西面为荥河陡岸，北面陡坡下为青下坝。城池雄踞荥河水畔，险要而又壮观。城西南方的高山与荥河之间的狭窄隘口是城内联系外界的唯一通道，地理位置十分险要，真可谓一夫当关，万夫莫开。如今的川滇公路仍从此经过。

古严道，是运输雅砻江流域黄金的过境地，是铜的出产地，加上汉廷在严道设置木官和橘丞，亦可见荥经昔日严道古城的辉煌历史与重要地位。

岷山庄王与黄金之路

荥经虽处西南边塞之隅,但生活在中原的古人对这片土地已经有了初步的了解,如《尚书·禹贡》说,"蔡、蒙旅平"。有学者解释说:"蔡在严道,蒙在汉嘉。"汉嘉也就是严道,就是指荥经附近的蔡山、蒙山一带。此外,《蜀王本纪》记载,尧舜之世名士许由的好友严僖曾隐居严道,传说严僖是古严国之后裔,严氏便来源于此。荥经也因严道与古严氏产生了千丝万缕的关联。

此后先秦古籍中多有其与中原交往的记录。《竹书纪年》记载:"梁惠成王十年,瑕阳人自秦道岷山青衣水来归。"瑕阳是战国时魏国的城邑,瑕阳人从岷山、青衣江一带返回家乡,可证蜀道早已联通西南并辐射至中原。岷山庄王的管控不仅限于严道,而且包括以严道为中心的西南多地。岷山庄王原是楚庄王的后裔,他不远千里来荥经是为了什么呢?

"问苍茫大地,谁主沉浮",然而,在绵延亿年的山河面前,千年往事亦如瞬息万变的白云苍狗

楚国金币

楚国出土文物和流传文献显示，楚人喜用黄金，其用量之大，令人瞠目。楚人还将黄金打造成金币和金版在市场上广泛流通。但楚地并非黄金的主要产地，那么如此多的黄金又来自哪里呢？

《韩非子》说"荆南之地，丽水之中生金"，丽水即今雅砻江与金沙江流域，也称作牦牛河，得名于当地盛产的牦牛。丽水在四川西部雅砻江、安宁河之间，原是羌族牦牛王的领地。此地蕴藏着丰富的黄金资源，历经两千余年，黄金矿藏尚未枯竭。民国刘文辉统治西康时期，依然有两座金厂运营。

楚国的黄金多来自丽水地区，其地距楚国迢迢千里，为了开采和运输黄金，楚王必然需要派遣一支亲信人马前去驻扎，最初的驻地设在云南楚雄。楚雄虽航运便捷，但由此东至楚地，山川阻隔，路途遥远。为了更好地管理和东运黄金，楚王不得不精心挑选一处路途较近、四通八达之地，因此他将目光投向了荥经。天赋荥经地利之便。这里滨临青衣江，是长江航运的重要起点，便捷的东运条件岂是楚雄可以比拟。荥经向西，穿越零关道和牦牛道，路途宽阔，直达丽水。此外，当地多崇山峻岭，峰岭嵯峨，四面险峻，严道城雄踞天险，亦是控带蕃落的坚固堡垒。严道可谓西控丽水、东运楚国之金的天赐圣地。

严道为古往今来的必争之地。在春秋战国时期的初次博弈中，楚国取得了优势，被称作荥经总督的岷山庄王带领一支楚人跋涉至此，安营扎寨，最初的严道古城可能为这一人群所筑。他们选择险要的隘口布置城池。随着历史的发展，不断有楚人往来于此，在城内驻扎，各司其职。春去秋来，至秦灭巴蜀之时，楚人对严道的控制已有一两百年的历史。一些人可能世代居此，他们恐怕就是荥经最初的移民。严道城外曾家沟发掘的土坑木椁墓，无论形制和器物均有鲜明的楚文化特征，比如木制的箱式棺椁，墓室周围填白膏泥用以密封，均与楚国故地发现的楚墓完全相同。而且墓中随葬大量的漆木竹器，风格也与湖北地区的楚墓相近，可能就是楚人的墓葬。考古学家在城外高山庙西汉墓葬中也发现了楚文化的元素。他们或许是岷山庄王的后裔，尽管墓中的随葬品已经与四川当地的趋于一致，但某些丧葬礼俗依然保留着楚地风格，或许是客居他乡的游子对故土的一丝眷恋吧。

荥经曾家沟发现的六座战国时期的墓葬，具有楚墓的结构特征，如使用白膏泥、木椁内放置木棺、坑内留有二层台等。此外，其随葬品多放置在头部的龛状二层台上，与春秋时期楚墓的头龛十分相似。不过，随葬品中也有不少具有巴蜀地方特色的器物，例如釜、圜底罐等。可见战国时期，楚文化与巴蜀文化在荥经有了深入的交流与融合

智囊严君——秦国丞相樗里疾

2015年,一部电视剧《芈月传》风靡华夏大地,也让深藏在历史烟尘里的严君"樗里疾"走出史书,成为家喻户晓的人物。故事还要从春秋战国、秦楚争霸说起。

西秦变法,富国强兵,横扫六国,欲一统天下。张仪主张进攻韩国,直取中原,挟天子以令诸侯,建立霸业。司马错则主张借机灭蜀,认为得蜀地足以广国,取蜀财足以富民强兵,而且巴蜀可从水道通楚,"得蜀则得楚,楚亡则天下并矣"。秦王采纳了司马错的主张,出兵经

由于樗里疾的治理,战事消停,边关稳定,荥经成为蜀西南繁荣的贸易集散地,源源不断的牦牛、笮马、铜矿及盐等物质经此输入输出

领兵进巴蜀的主将司马错

樗里子 依你之见该派何人前去

巴蜀情况复杂

荥经古城坪秦汉墓葬群，出土漆器二十六件，由扁壶、奁盒、圆盒、耳杯、漆剑等组成，其中漆盒的底与盖外部各有朱书"王邦"二字；九件漆耳杯下部亦有朱书"王邦"二字。这是研究战国漆器制造及传承史，古代髹漆工艺以及严道与中原交流的宝贵实物资料

金牛道攻蜀。蜀王亲自率军抵御，兵败遁逃，被秦军所杀，蜀亡。随后又攻灭苴、巴，巴蜀遂定，秦益富强。

秦灭巴蜀之后，秦惠文王很快就意识到严道的重要性。秦惠文王更元十三年（前312）置县严道，随即将同父异母之弟樗里疾封于严道，号为严君。樗里疾是当时屡建奇功的将领，能言善辩，足智多谋，秦人称之"智囊"。樗里疾勇猛无敌之威和聪颖过人之智对进一步开发西南资源，发展贸易交流，取蜀之财以富民强兵起到至关重要的作用。他为西南边地带来了中原的文化气息，严道由此焕发出了新的活力。

严道城外发现了众多春秋战国时期的墓葬，出土了一批精美的漆器，更重要的是漆器中发现了不少文字，有的耳杯上朱书"王邦"二字，有的漆盒器身刻画"番阳馆"三字。此外还出土了带有"可行""富""王当"等字样的印章。这些带有汉字的器物是墓葬发掘的重要收获，因为四川乃至西南地区与中原的往来并不太多，以往很少发现有使用汉字的文物出土，而且同时期蜀地还在使用所谓"巴蜀符号"的图腾文字。

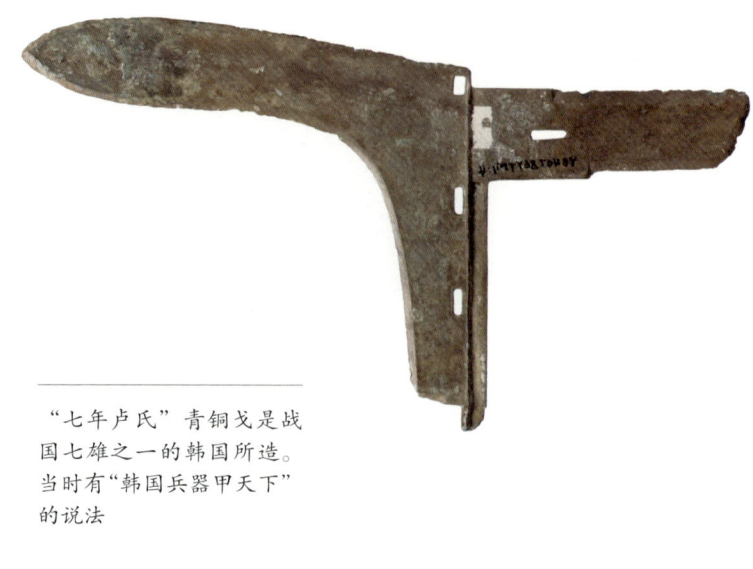

"七年卢氏"青铜戈是战国七雄之一的韩国所造。当时有"韩国兵器甲天下"的说法

荥经出土的青铜兵器,数量众多,主要以戈、矛、剑、钺、斧、斤为主。大部分兵器属于巴蜀文化的范畴,一部分则带有明显中原文化特点。

荥经同心村战国船棺葬中出土的一件戈,狭长援,援体较厚,背部呈弧菱形,窄刃。援的前端较尖,上援微拱,下援内凹。中胡三穿,均呈长方形。长方形内,略上翘,前端有一长方形穿,一面有细线阴刻铭文两行,字迹不清,大致可释为"七年卢氏命韩□厥工师司马队作□",故名"七年卢氏"戈。

考古工作者根据铭文,进一步推测此戈应是韩国所造。卢氏即今天河南卢氏县,战国时属韩国,且韩国盛产上等兵器,《战国策·韩策一》载:"天下之强弓劲弩,皆出自韩。"巧合的是为严道带去中原春风的樗里疾,其母就是韩国人。有人不禁要问:这把锋利的铜戈难道是跟随秦国智囊"严君"而来的吗?

严道遗珍

荥经博物馆原名"严道古城遗址博物馆",始建于1984年,其最早的藏品来自严道古城墓葬群。2016年博物馆在颛顼广场旁边新建扩容,博物馆和广场占地60余亩。

荥经是四川省的文物大县之一。荥经博物馆收藏和展出的藏品种类丰富,包括石器、青铜器、陶器、瓷器、漆器、玺印等门类5000余件,这在全国县级博物馆中也是不多见的。其中,国家一级文物41件,二级、三级文物238件,尤以严道古城周边墓葬群出土文物最为珍贵,其中青铜罍、成都矛和巴蜀印章为镇馆之宝。

古色古香的荥经博物馆坐落在颛顼广场上

巴蜀印章

荥经县博物馆藏品以"巴蜀符号"印章最具特色。"巴蜀符号"也称"巴蜀图语"。印章铜铸,大似铜钱,小如纽扣,多数为圆形,少数为方形、矩形、半圆形、椭圆形,个别为"山"形或月牙形。印章上的图符十分神秘,典型的有虎纹、心形纹、手形纹和花蒂纹等。专家推断,"巴蜀符号"可能产生于古蜀国的杜宇、开明时期,是古巴蜀土著民族铸印或刻画在器物或印章上的一种象形文字。

自20世纪70年代开始,先后在荥经境内的烈太公社、曾家沟、同心村等地,出土共60余枚"巴蜀印章"。其中1985年在同心村遗址就一次性出土54枚,这也是"巴蜀符号"印章出土最为集中的一次。荥经出土的春秋战国时期的"巴蜀符号"印章,多为土坑船棺墓出土,墓主具有较高身份,数量差不多是巴蜀其他地区出土的"巴蜀符号"印章的总和。有专家指出,荥经是破解"巴蜀符号"的突破口和主战场。

这么多"巴蜀符号"印章集中出现在严道古城遗址,不禁引人遐思——有可能荥经在古蜀时期,边境贸易非常发达,是各种物资进入"西南夷"和出口中亚、西亚、东南亚的重要关口。"巴蜀符号"印章或许是边关政治、军事、商贸活动的通关凭证。我们期待考古学家有更多的发现来解开这个秘密。

荥经境内出土的"巴蜀符号"印章

青铜罍

荥经博物馆有一件"镇馆之宝"——距今已有两千多年历史的青铜罍。罍是大型的盛酒器,主要作为青铜礼器使用。作为礼器中的重器,罍象征着国家权力和高贵身份,在祭祀天地、鬼神和祖先等典礼场合必不可少,同时也是贵族钟鸣鼎食的高雅点缀。罍从商代晚期出现,流行于西周和春秋,有方形和圆形两种。

1986年,荥经同心村巴蜀墓群发掘出土了这件青铜罍。罍身大部分完好,仅下腹见锈蚀残孔两处及上腹一耳脱落。这件青铜罍又被称为战国巴蜀镶嵌绿松石勾连凤鸟纹四钮青铜罍。荥经博物馆工作人员介绍,这件青铜罍采用了战国时期最先进的铸造工艺——失蜡铸造技术,并镶嵌绿松石。

"国之大事,在祀及戎。"专家认为,荥经的这件青铜罍为古蜀王国遗存,无论是形制、造型还是工艺都称得上是巴蜀文物的精品,全国也仅有几件。能够出土如此等级的青铜罍,也进一步证明了荥经(古严道)在古代边关的重要政治地位,体现了多文化的交流与融合。

这件罍通高43厘米,口径15.8厘米,罍身高36.8厘米,腹径29.7厘米。罍身为平口,直唇,直颈,弧腹,鼓腹,平底,圈足肩腹间有对称的四个竖环耳,其中两环耳的腹上有阴刻的巴蜀符号。盖顶中心刻涡纹,盖顶及盖面刻变形的勾连凤鸟纹,器身颈及肩上各饰一组凤鸟纹和勾连凤鸟纹。四竖耳间的腹中部,各饰一由涡旋及变形凤鸟纹组成的圆形图案。器身纹饰槽内均镶嵌绿松石。整件器物非常精美

"成都"铭文青铜矛

荥经北接成都平原,自古就与蜀都成都保持密切交流。荥经也是成都进入川西地区的入口要道。严道古城的墓葬中发现的烙印有"成亭""成草"("草"与古代的"造"字相通)字样的漆器,就是两地友好交往的见证。

1985年在荥经县同心村发掘战国晚期船棺葬墓群一号墓时,出土了一柄带有"成都"铭文的青铜矛。这柄带铭文的"成都"青铜矛在全国属首次发现。2017年在蒲江战国船棺墓葬群32号墓中又出土了类似的一件刻有"成都"铭文的青铜矛。

"成都"青铜矛在相隔不远的荥经、蒲江两地相继出土,不但说明了这些地方在文化、贸易、军事、政治、经济上与成都的交流相融,还证明了早在战国中后期,就已经有了"成都"这个城市的名字,比史书记载成都得名于秦汉要早两百多年。

这件矛通长21.9厘米,刺长11.4厘米,宽3.1厘米,銎径2.8厘米,弧形窄刃,刺身呈柳叶状,圆弧形脊,中空至尖。在弓形双耳间骹面铸饰一浅浮雕虎像。虎的头顶及虎的前躯铸在骹的其中一面,虎身绕骹侧迂回向上,双腿匍匐,虎尾伸直,尾尖上卷直至刺基,虎头的下颚则饰在骹的另一面前端,从矛的侧面可以窥见虎像全貌。虎头硕大,瞪目,竖耳,虎口大张,露牙,虎舌长伸,伸出的长舌由骹前部和刺叶取代。在虎首前的骹面刻有铭文"成都"二字,刺身脊上另刻有一"公"字

丝|路|通|衢

经略巴蜀先开道

四川周边均为高山环绕，对外交通不便，长期有着"蜀道之难，难于上青天"的说法，但是地理上的封闭，并不能阻止蜀人对外联系。众多考古资料证实，四川对外交流自古蜀国时期就已经开始了，大量地方特产通过"蜀身毒道"，从成都，经云南的大理、保山、德宏进入缅甸，然后抵达印度。这是一条形成于先秦时期、以商贸为主并承载着各种现实功能的道路。

秦并巴蜀，设严道县，随即开临邛、青衣、严道驿路，通邛、筰商旅，这或许是严道最早开通的官道。当时，严道管辖的范围十分广阔，通过青衣道（秦灭蜀置蜀郡，在雅安地区开青衣道，置邮传），连缀起了"蜀身毒道"之雅安段"旄牛道"和"蜀身毒道"南道之一"岷江道"。古严道自此成为秦汉的边陲重镇。

秦朝短暂，并未对丝路的开发做出太多的贡献。真正对"南丝路"开辟起关键作用的是汉武帝。汉武帝建元六年（前135）出兵伐闽粤，闽粤臣服，后命唐蒙出使南粤。唐蒙在南粤得知从夜郎沿牂柯江（今北盘江，发源于云南曲靖马雄山）可直下番禺（今广州市），于是建议武帝借夜郎兵力，从牂柯江出兵攻打南粤，后便在此设立了犍为郡。唐蒙又征调人员，一边作战，一边修治道路，从僰道通牂柯江，即牂柯道，加强了成都与西南边地的联系。

"发巴蜀卒治道，自僰道指牂柯江。"司马迁《史记·西南夷列传》和《司马相如列传》记载："是时邛筰之君长闻南夷与汉通，得赏赐多，多欲原为内臣妾，请吏，比南夷。"古严道地区的部落邛人和筰人在僰道县（今宜宾）

南方丝绸之路交通网络

的开通下，受到了感召。在司马相如的建议下，通西南夷道也提上了日程。由于路途艰险，此路的开通，历尽艰辛。汉武帝派司马相如出使"除边关，关益斥，西至沫、若水，南至牂柯为徼，通零关道，桥孙水以通邛都"。

于是，"僰道"（今宜宾地区）打通了"蜀身毒道"南道之一"岷江道"（自成都沿岷江南下至宜宾）和宜宾之下"五尺道"的联系，把"南丝路"以官道的形式通向了云南昭通、昆明，在大理与蜀身毒道西线永昌道会合。而古严道所在的"西南夷道"，在司马相如的推动和主持下，也正式以官道的形式加入了"南丝路"中。在南来北往中，随着"南丝路"通向更远的远方，严道县治所在地的荥经也逐渐站在了这条隐秘而悠远的大道上，并且成为了重要的节点。

经过秦灭巴蜀和汉武帝大规模开发西南夷,以成都为代表的西南地区逐渐纳入中原文明体系,成为全国手工业重要基地,经济实力雄厚,为"南丝路"的开辟和发展奠定了坚实的基础。而秦汉移民,也对西南开发起到了关键性的推动作用。如对邛民之地,西晋常璩《华阳国志》就记载:"临邛县郡西南二百里,本有邛民,秦始皇徙上郡实之。"

秦始皇统一六国后,为削弱关东六国残余势力的影响,把大量的豪族迁往后方,巴蜀地区尤其是蜀地接受了大量移民。湖南湘西出土的里耶秦简中,就有关于发配罪犯到"西蜀严道"的法律文书。严道古城外墓葬中出土的蒜头壶等秦文化遗物,或许正是秦民徙川的见证。

此外,还有因战乱灾荒而被迫南迁的,如西汉初年,"关中大饥,米斛万钱,人相食,令民就食蜀汉",大量饥民涌入蜀汉地区。这些迁入的北方人口,补充了西南地区所急需的劳动力,对西南经济的发展发挥了重要作用。

远道而来的移民,也是先进生产工具及技术传播的载体。随着大量北方人口的进入,中原先进生产技术和工具也陆续传入,推动了西南地区经济的发展。

司马相如的岳父、卓文君的父亲卓王孙,其祖父辈就是在秦灭六国后,被强迫迁至蜀郡临邛的赵人。他们同时带来了先进的冶铁技术,并因此而发家致富。《史记·货殖列传》就记载说,卓家先祖"致之临邛,大喜,即铁山鼓铸,运筹策,倾滇蜀之民,富至僮千人。田池射猎之乐,拟于人君"。卓王孙的致富,与邓通合作开发严道的铜山有很大的关系,《华阳国志》载:"汉文帝时,以铁铜赐侍郎邓通,通假民卓王孙,岁取千匹。故王孙赀累巨万,邓通钱亦尽天下。"

"秦惠文、始皇,克定六国,辄徙其豪侠于蜀,资我丰土。家有盐铜之利,户专山川之材,居给人足,以富相尚。故工商致结驷连骑,豪族服王侯美衣……盖亦地沃土丰,奢侈不期而至也。"在常璩眼里,蜀中繁华盛景尽收眼底,只是因为这片西南的蜀地,的确地沃土丰。

彼时,地处西南边陲的严道,虽不及王朝都城繁花,但与帝国核心存在着千丝万缕的联系。历史学家陈直曾盛赞严道与长安的往来"最为繁密"。

邛竹杖——蜀贾万里的物证

司马迁《史记·西南夷列传》记载："张骞使大夏来，言居大夏时见蜀布、邛竹杖。使问所从来，曰：'从东南身毒国。可数千里，得蜀贾人市。'"

元狩二年（前122），张骞出使西域古国大夏国归来，向武帝汇报，曾见大夏有经东南身毒国（古印度）而来的蜀布和邛竹杖，便建议由蜀通身毒国，道路近便，可与身毒、大夏夹击匈奴。武帝便命人前往蜀地，寻求通往身毒国的道路。所派之人分别从蜀郡、犍为郡出发，都遇到阻碍，探路计划终未完成。后武帝又派兵消灭起义反叛的南粤及西南夷诸部，并在各地设郡置吏。汉政府随即向被征服各地移民实边。直到东汉明帝永平十二年（69），汉政府进入了滇西哀牢地区。滇西因设立永昌郡而得到开发，永昌境外的部族和小国也先后向汉王朝称臣纳贡，甚至还带来了罗马帝国擅长魔术杂技的艺人。

荥经出土的一件蜻蜓眼玻璃珠珠饰可以帮助我们一窥当年文明交往的盛况。这件小巧玲珑的圆珠，装饰有突出表面的眼睛形状，形成"鼓眼"，外观颇似蜻蜓的复眼，一般被称作蜻蜓眼式玻璃珠。这种珠饰最早出现在埃及，随即在整个欧亚大陆广泛流行，远在万里之外的中国也多有发现，同心村出土的这件就是其中的

杨升庵画像

杨升庵传世肖像所持竹杖和严道邛竹杖极为相似，遥想其被发配云南后，30余年间来往川滇两地，就是挂着这样的一根邛竹杖。嘉靖十七年（1538）冬天，他经过荥经，写下了"雪封岚气净，云护岭天遥"的清雅诗句

这种最早出现在埃及的蜻蜓眼式玻璃珠饰，经历了怎样的辗转，才到了荥经呢？

典型代表。南丝路，不仅把中国介绍给世界，同时也将世界带给中国。蕞尔小物的背后，隐藏着风光无限的大千世界。

但与古严道关系最密切的，则是邛竹杖。《史记·大宛传》也记载，张骞出使西域，"在大夏时，见邛竹杖、蜀布"。那么，这个邛竹杖是否与严道的邛崃山、邛人有关系呢？

清陈鼎《竹谱》云："筇（即'邛'）竹，产于四川叙州、乌蒙、黎州、眉州、雅州、邛州、苍筤、邛笮。诸山俱有，皆可为杖，以其坚洁也。"清乾隆版《雅州府志》卷五之《物产》篇中则记载："荥经县产邛竹。"而唐李吉甫在《元和郡县图志》中说："邛来山，在（荥经）县西五十里。本名邛笮山，故笮人之界也。山岩峭峻，出竹高节实中，堪为杖，因名山也。"

有学者认为，邛竹杖的产地最早源于古严道的邛崃山，由邛人、笮人传播出去这一说法，是有可能的。彼时，严道南进之路是出城西，翻越邛崃山沿旄牛道入云南，再由腾冲转至身毒国。秦汉时的严道古县，可谓"南丝路"之旄牛道的起点，对早期的西南开发、建设和发展，以及中原与西南边疆的贸易交流起过重要作用。

至东汉时，整个西南边疆已牢牢掌握在中央政府的手中，西南的"南丝路"也已颇具规模：东线牂牁道，通往广州，随后入海联系域外诸国；中线五尺道，自成都沿岷江南下；西线旄牛道，自成都经严道邛崃南下，中西两线在大理会和，随后可经过缅甸到达印度及以西诸国，或进入越南，并可于河内入海。这些在当时以及日后都是重要的国际交通线，为西南地区乃至中国的对外交流发挥了重要作用。

何君尊楗阁刻石重现江湖

"蜀道之难,难于上青天",李白的《蜀道难》写的是由四川出秦关的这段道路,全诗以纵放恣肆的笔调将蜀道之难淋漓尽致地展现出来,读之令人激情澎湃而又望而却步。

这条剑南蜀道经过秦以来的不断开发,在李白那个时代出现过"千乘万骑西南行"的景象,在清代出现过"金牛道上车千乘"的场景,可见天堑逐渐变得宽阔平坦。但在四川,却还有一条不太为人所熟知的道路,其艰险程度数倍于剑南道,可惜李白当年"仗剑去国,辞亲远游"是从江油至成都到峨眉,然后沿青衣江南下,过三峡,出夔门。如果李白当年到了成都,转道雅安,然后再经过大相岭的话,面对这崇山峻岭、碎石仄径,不知这位天才诗人还会发出怎样的喟叹?

这条路正是荥经所处的"西夷道"。它是南丝路的重要组成部分,是汉司马相如沿着古代"牦牛羌部"南下的故道开辟而成的。在雅安境内因连接汉源

何君尊楗阁刻石是"南丝路"古道存在的确凿证据

南的旄牛县,所以又称为"旄牛道",途中要穿越灵关天险,因此又名"灵关道"。这条古道的大致走向是出成都西南,经过临邛(今邛崃)进入芦山(汉青衣县)、荥经(汉严道县),再翻越大山至汉源(汉旄牛县),到西昌(汉越巂郡),进入云南,到达南亚诸地,最后辗转到西亚。

现存最早的东汉隶书摩崖石刻何君尊楗阁刻石是中国交通史、书法史上极其重要的文物遗珍,自产生以来,不断出现在各类金石著作中。由于很长的一段时间内未见石刻真容,相传刻石真迹早在宋代已经遗失。2004年初春的一天,乡村教师刘大锦在荥河游泳休息时,爬上临江边坡,无意中抬头一看,竟然望见一处古意盎然的汉字石刻在河边崖壁上。闻讯赶来的考古工作者以及荥经学者秦启华、吴阿宁等经过对刻石的辨认,确认其就是失传已久、刻于公元57年的何君尊楗阁刻石真迹。真可谓地不爱宝,珍石重光,为汉代开辟"南丝路"提供了最为直接可靠的证明材料。

《何君尊楗阁刻石》最早著录于南宋洪适《隶释》一书中,此后湮灭失传,时人未见真迹,多误以为碑刻。民国年间的《荥经县志》记载,荥经举人汪元藻于成都沈鹤子处据《金石索》临写回来,后刻碑立于原荥经中学内。后有近代学者邓少琴又据沈氏临本双钩描成图录,后世编录碑刻者将其误传为汉隶真

2004年3月15日,中学教师刘大锦(穿白灰色毛衣)游泳时发现了河岸边的一块刻石。第二日,专家们闻讯赶来,证实了这是何君尊楗阁刻石

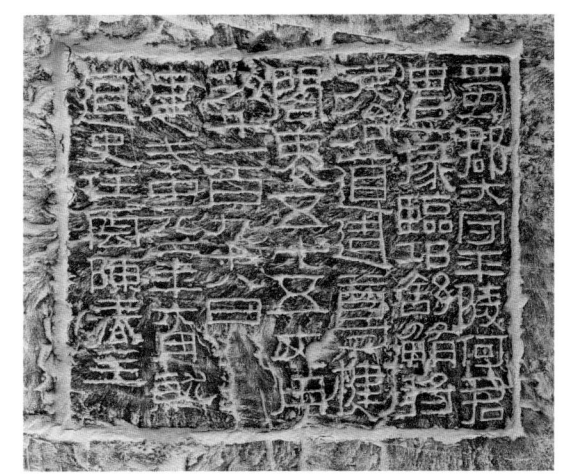

《何君尊楗阁刻石》，是从秦代篆书过渡到汉代隶书的书法珍品。洪适在《隶释》中就对其倍加赞赏："东汉隶书，斯为之首。字法方劲，古意有余，如瞻冠章甫而衣缝掖者，使人起敬不暇。虽败笔成冢，未易窥其藩篱也。"

迹。今真迹重现，佐证了宋代史书的记载，纠正了后期碑刻志书的误记。

何君尊楗阁刻石位于荥经县城西14公里的荥河镇冯家村荥河南岸陡峭的崖壁上。刻石之上有向前突出的岩石，形如屋顶，呵护其免遭日晒雨淋。刻石四周凿成一不规则梯形边框，框内镌文有7行共52字，每行6字、9字不等，字迹清晰完整，记录了蜀郡太守何君役使刑徒修筑栈道的情形："蜀郡大守平陵何君，遣掾临邛舒鲔，将徒治道，造尊楗阁，袤五十五丈。用功千一百九十八日。建武中元二年六月就。道史任云、陈春主。"吴阿宁译文为："蜀郡太守平陵人何先生，派遣他的下属官吏临邛人舒鲔，率领着服徭役的队伍（来此）修路。建造了高脚柱栈道，南北共长55丈。用了工作日1198个。建武中元二年六月完成。严道地方官任云、陈春主（记）。"

更为重要的是，它是"南丝路"这条商道存在的确凿证据，并纠正了史书所载汉司马相如开西夷道荥经段的具体走向，同时说明了牛背山（大矿山、野牛山）、大相岭二者谁才是真正的邛崃山。

吴阿宁撰文《〈何君阁道碑〉与南方丝绸之路》认为，何君尊楗阁刻石之所以失踪，于今看来道理非常简单，蜀身毒道荥经段自从改走大相岭后，路从花滩折而直接向南，再也不经过它的脚下了：

它的出现，以无可辩驳的事实证明了由司马相如开通的西夷道荥经段是从花滩向西，经泗坪—三合—大矿山—泸定，然后才折而向东到汉源的宜东，而不是长期以来被史学界认定的花滩—黄泥—大相岭—清溪一线。其次，它还证明了这条官道至少在东汉还在维修使用，而不是如前些年有的学者断定的"东汉初就改走相岭"。这个前提确立之后，一系列小疑问也就迎刃而解。比如笔者就一直对"王阳畏途"不解，因为据笔者亲历，大相岭的路实在是相当平缓而安全的，并无什么险绝处，何以会吓得王阳连刺史也不愿当了而策马返回呢？现在我明白了，王阳走的是大矿山（谭其骧先生标为邛僰大山）。别说走到今牛背山镇的硝岩、九把锁这些"猿猱欲度愁攀援"的地段，他只须出城行20余里，走到"何君阁道"之前的李家岩、老王岗一带就够他胆寒了。我的母亲于民国时到康定师范读书曾行此道，其凶险令她老人家一辈子惊魂未定。我的一位堂兄也曾不怕凶险随背茶包子的脚夫抄近路走过此道，至今引以为豪。于是我们理解了东汉另一位杰出的刺史王尊，不惧险阻，打马而过，为什么能彪炳史册了。

回头我们又可以此碑证一些典籍的正误。比如《墨宝》云："此碑出于绍兴（宋高宗年号）辛未，在荥经通邛笮之路也。"《隶释·何君阁道碑》云："邛崃九折板盖其地。"由现在看来皆千真万确。以往大家一直以大相岭为邛笮山，不知今之大矿山才是汉史中的邛笮山，这就难怪人们总在花滩至相岭之间追踪《何碑》的去向了。又还可以确证的是，不仅邛笮山是今之大矿山，汉时邛崃山也是今之大矿山。因为《汉书·地理志·蜀郡》明确记载："严道，邛崃山，邛水所出。"邛水即今之荥河，并非相岭河。它之所出不是大矿山又是哪里呢？总之，无论邛崃、邛笮，都不是相岭，因为此时官道尚未开通，即令有道也是民间小道而不是官道。

这篇论文指明这条道在宋以后从邛崃山改道大相岭的原因是因为司马相如开西南夷时，古严道还有丽水金子可运出来，本县的采铜业也很发达，大量茶叶需运进康藏，这些都是强大的政府经济命脉所系，所以修路时出于对向西、向南两者的兼顾，这条路越邛崃山（大矿山）后才折而向东；后来金子和铜矿枯竭，茶马道也开辟了新的路线，这条路的历史使命已基本完成，再没有绕道的必要，于是直接翻越大相岭的官道也就应运而生了。

九折坂俗称"九把锁"，是"南丝路"荥经段最为险峻的通道

九折坂上的孝子忠臣

很长一段时间内,历史学界认定"南丝路"荥经段的路线是从花滩过凰仪,翻越大相岭抵达汉源。何君尊楗阁刻石的重现,为揭示"南丝路"实际走向提供了坚实依据。何君尊楗阁刻石最为关键的一点是终结了关于九折坂的各种争论,确定了其真正的位置,对于辨清路线走向可谓功不可没。

九折坂位于严道邛崃山(牛背山、大矿山),是"南丝路"荥经段最为险峻的通道。《华阳国志》记载说"邛崃山,山上凝冰夏结,回曲九折,王阳去官之所";刘昭《郡国志》注引《华阳国志》则说:"(严道)道至险,有长岭、若栋、八渡之难,杨母阁之峻,昔杨氏倡造作阁故名焉。邛崃山本名邛筰山,故邛人、筰人界也。山岩阻峻,回曲九折,乃至山上。凝冰夏结,冬则剧寒。王阳行部至此退。"

也正是九折坂(今牛背山镇九把锁)的山高险阻,蜿蜒曲折,道路难行,

"孝子回车、忠臣叱驭"的故事,给"南丝路"增添了许多人情的温度

难以逾越，因此曾发生"孝子回车、忠臣叱驭"的千古传奇。唐李吉甫《元和郡县图志》载："九折坂，在（荥经）县西八十里。王阳为益州刺史，经此叹息，谢病去官。后王尊为益州刺史，至此叱驭而过。"

西汉时，有一个叫王尊的人，自幼是孤儿，但他谦虚好学，能诵史书。力求上进的王尊在十三岁时，便在官府谋得了一个小职位，后在太守府中任职，太守问他皇帝诏书中要求做的事，他如数家珍，对答如流，得到了太守的赏识。此后王尊辞去官职，继续拜师求学，钻研学问，取得了不小的成绩。他还多次上奏为国家社稷出谋划策，后得皇帝恩宠，升为益州刺史。在此之前，琅琊人王阳任益州刺史，巡查州内来到严道邛崃山的九折阪时，见道路奇险，惨然色变，感叹道身体发肤受之父母，理当呵护有加，怎么能冒险涉足如此险境。后来王阳因生病离开益州。现如今王尊出任益州刺史，到此天险，询问左右官吏："这里是王阳畏惧的道路么？"官吏回答说："是的。"王尊大声对他的车

山重水复，道路险阻

夫说道："策马向前，王阳要做孝子，而我王尊却要做忠臣。"王尊在益州任职的两年，四处走访考察，倾听人民心声，各部族百姓皆被他的崇高威望和信誉而感化。

后人认为，王阳不失为孝子，王尊不失为忠臣，"孝子回车、忠臣叱驭"终成一段千古佳话，九折坂也成为"南丝路"的一座让世人渴望翻越的高山。

文物背后的边关重镇

"邓通钱"与严道铜山

要说开创了中国私人铸造钱币的先河，而且是史上首个拥有私家货币发行机构，以及大规模开发铜矿冶炼，并由此成为为数不多的跻身正史的蜀地平民出身的人物，非邓通莫属。邓通出生在蜀郡（汉属犍为郡）南安（今乐山），一个远离王朝中心的地方。据说他的父亲邓贤生逢高祖刘邦开国之时，避开了秦末的战乱，家道也算殷实。汉初，家有中等财产的读书人可自备车马服装，到京师做郎官，等候朝廷的任命。邓家散尽资财，置办行装，挥泪送别邓通前往长安，为邓家寻求一条光宗耀祖的道路。凭借自己的努力和运气，邓通拿出儿时在门前江中练就的撑船技术，在宫廷皇家园囿谋得一份船夫的工作。这份来之不易的美差让邓通有了接触皇帝的机会。

据研究和考古材料证实，荥经铜矿冶炼出的优质铜材料，曾用于铸造秦代的"半两"，汉代早期的汉"半两"，以及汉代末期的"货泉"等钱币

荥经博物馆"邓通造币"复原场景

    以"文景之治"著称的汉文帝刘恒为人忠孝宽厚，但也免不了渴望升天成仙的俗套。一天，文帝梦到自己要升天，欢喜不已，可无论如何都登不上去，这时有一个黄头郎从后面把他推了上去。如此美梦，事关重大，他只记得黄头郎穿了一件横腰的短衫，衣带在背后系结。他赶紧来到未央宫中的渐台，四下巡视，寻找梦中的黄头郎，正好看到邓通衣带后穿，恰如梦中所见。文帝大喜，急问姓名，自言"邓通"。一个"通"字似乎也暗含着皇帝的"通天"。皇帝登天的心愿就这样和邓通光耀门庭的愿望联系在了一起。

    司马迁《史记》记载："然邓通无他能，不能有所荐士，独自谨其身以媚上而已。"虽然很多人都看不起他，但得了宠的邓通低调做事，并不张扬，也不善交际。"通亦愿谨，不好外交"，在他的眼里，或许只有一个皇帝。一天，文帝叫一个相面术士给邓通看相，不料相士直言不讳地对文帝说："当贫饿死。""文帝曰：'能富通者在我也。何谓贫乎？'于是赐邓通蜀严道铜山，得自铸钱，'邓氏钱'布天下。其富如此。"

    那么邓通铸钱的严道铜山在什么地方呢？关于这个问题，学界历来说法众多。因为汉时严道县辖区甚广，究竟在哪里难下结论，但目前比较统一的意见是邓通铸钱处不止一处，如芦山县大川镇的铜厂河，而荥经县的宝峰山应该是其中重要的一处。唐李吉甫《元和郡县图志》记载："铜山，在（荥经）县北三里。即文帝赐邓通铸钱之所，后以山假与卓王孙，取布千疋。其山今出铜矿。"《荥经县志》也说："县东北三十里，前后聚之间，东临（盐）道底，铜山之顶也，即邓通铸钱处。旧名邓通城，今名宝子山。"1987年文物普查时，宝峰乡就发现两处铜矿的采矿、冶炼遗址。

那么乐山人邓通是否到过荥经呢？这个却不一定。身在朝廷的邓通，自然有人打理他的家产。晋常璩《华阳国志·蜀志》载："汉文帝时，以铁、铜（矿）赐侍郎邓通，通假民卓王孙，岁取千匹（蜀锦），故王孙赀（资）累巨万，邓通钱亦布天下。"可见，邓通是和卓文君的父亲、司马相如的岳父卓王孙合作开采铜山并铸钱，卓王孙可以说是邓通在故乡蜀地经营的代理人。而司马相如开西南夷时已经是卓王孙的女婿，其官道本就是具有一定规模并很成熟的铜山开采运输线路。这于公于私都是合乎情理的。

"及文帝崩，景帝立，邓通免，家居。居无何，人有告邓通盗出徼外铸钱。下吏验问，颇有之，遂竟案，尽没入邓通家，尚负责（通"债"）数巨万。长公主赐邓通，吏辄随没入之，一簪不得著身。于是长公主乃令假衣食。竟不得名一钱，寄死人家。"不管怎样铸钱，富人邓通终没有逃脱自己分文未有、寄食别人家里直至死去的宿命。宋人李石作诗《邓通城》感叹："多少金钱满天下，不知更有邓通城。"至于南宋王象之编纂《舆地纪胜》所说，荥经县的邓通城有饿死坑，乃邓通饿死之地，则是多事附会而已。

两千多年后的一天，宝峰乡莲池村丝粟坡一村民在修公路时挖出了十多枚铜钱，后经荥经县博物馆和雅安市文管所确认为邓通半两钱。这为邓通在宝峰铸钱找到了一个有力的证据。至今，荥经民间还流传着一首打油诗"铜山即是宝峰山，难步登临道路弯。昔日邓通铸钱处，饿死灯燃油未干"，述说着宝峰山与邓通的紧密联系。

严道封泥遗橘香

考古学家陈直先生在他的力作《汉书新证》里说:"西安汉城遗址中出土'严道长''严道之印''严道橘园''严道橘丞''严道橘监'等封泥最多。"严道,这个西南一隅的边塞之地,随着这些封泥,一次次出现在汉代长安人眼中。

有特色的封泥有"严道长印""严道橘园""严道橘丞"等。什么是封泥呢?秦汉时期,纸张还未发明,当时的官员字书于竹片、竹简上。政府部门之间传递保密文书时,

汉曾在巴郡、严道、朐忍、鱼复、江州、交趾等地设置过橘官一职。从存世的严道封泥,可知汉时严道盛产橘,作为本地特产输往京城

常在卷成筒状的竹简一端糊上泥巴，于泥巴上加盖官印用以封缄，即叫封泥。它是古代印章信验的主要凭记之一。封泥从先秦一直流行到南北朝，其后才转变为今天印泥钤印于纸的方式。

据记载，清代陈介祺、吴式芬两家曾藏有"严道橘丞"封泥十六枚。上海博物馆藏有"严道橘园"封泥二十二枚。陈介祺还藏有"严道长印"封泥。这三种汉封泥，生动地展现了当时四川严道地区的官制和以"橘园"为特色的地方经济情况。

"严道长印"即秦时严道县令长官的官方印信，"严道橘丞"则为当地掌管橘园之官印，"严道橘园"即为当时园署公章。文书封泥上加盖了这样的封缄，随着货物一路向远方的目的地运输转移。这从严道走出的封泥，就是严道所产柑橘高贵的身份证明。从"严道橘丞"和"严道橘园"封泥，也可知当时严道还有专门供奉朝廷的橘园，并任命橘丞专人管理及负责外运。

柑橘在我国栽培历史久远。《禹贡》载"厥包橘柚锡贡"，可见早在周代柑橘已是贡品。据研究，起源于云贵高原的柑橘，途经长江而下，传向淮河以南，在长江下游直到岭南地区。战国时期，楚国屈原有《九章·橘颂》"后皇嘉树，橘徕服兮。受命不迁，生南国兮。"到了汉代，各地已成规模种植。《史记·货殖列传》就云："蜀汉江陵千树橘。"巴蜀本为柑橘产地，左思《蜀都赋》说，蜀中"户有橘柚之园"。刘渊林注引《地利志》曰："蜀郡严道出橘，有橘官。"可知汉时尤以严道出橘为盛。古严道所辖地域广大，环境优越，属亚热带季风气候，气候温和，四季分明，雨量充沛，正是性喜温暖湿润气候的柑橘的绝佳生长之地，其品质应为上乘。

汉代，朝廷曾在严道（今四川荥经县境）、江州（今重庆主城区）、鱼复（今重庆市奉节县）、交趾（岭南地区）等地分别设置过"橘丞"一职。除了严道，当时成都平原也产橘，西晋张华《博物志》记载："成都、广都、郫、繁、江源、临邛六县生金橙，似桔而非，若柚而芳香，夏秋冬或华或实，大如樱桃，小如弹丸，或存年春秋冬夏实竞岁。"

或许正因如此好橘成为了贡品，以至于要专设橘丞橘官来进行管理。东晋王羲之就有著名的《奉橘帖》，羲之给朋友说："奉橘三百枚，霜未降，未可多得。"而一生落寞的杜甫，橘园则给他的人生多了一丝甜蜜。"园柑长成时，三寸如黄金。"杜甫离川前就曾经在夔州做过近两年的橘农。他不但购置了四十亩主要产橘的瀼西果园，还代管东屯公田一百顷，领取着类似"橘丞"的俸禄。据说，奉节草堂河中学附近的脐橙果园就是曾经杜甫的橘园所在地。世事变迁，曾经的"严道橘园"之"橘"，与东晋王羲之之"橘"，即当年杜甫在奉节所种的"柑"，品种是否相同呢？

"严道橘丞"西汉封泥印图
（上海博物馆提供）

如今古严道所辖的荥经、汉源等地依然盛产水果。车家坪的李子，庙岗的桃子，六合、烈太的樱桃、李子等都颇有名气。近年枇杷、梨、猕猴桃更成气候。惜"严道橘园"所产"橘"，早已经散落在历史的烟云中，其作为贡品的品质，广种的规模，唯有从这些"严道橘园""严道橘丞"封泥中想象了。

值得补充的是，除了橘丞，严道还设有木官。《汉书·地理志》"蜀郡"载："严道（县），有木官。"木官，即汉置掌林木选材之官员，也称"木正"。由此可见，自古以来荥经的森林茂盛、良木多多。

现藏于上海博物馆的"严道橘园"西汉封泥

天下第一吻

如果说雅安的汉代石刻名闻天下，那么荥经的汉代石棺堪称其精品代表。今天，在雅安大桥北桥头的雅客园，有一座长5.6米、高2.8米的紫铜雕塑。相对跪坐、双手相执的一对汉朝男女，双唇相触，正在热吻。这座雕塑名为"中华第一吻"，其原型正是荥经出土的汉代石棺上的浮雕。

四川各地均出土有一批东汉时期的画像石棺，其中尤以雅安荥经、芦山等地发现的石棺图像最为精美。石棺上的画像以墓主死后飞升天国为主题，四面分别装饰有四神、门阙等象征天庭的图案，反映出汉代人们的神仙思想和对天国仙界的丰富想象。石棺画像的雕刻手法采用了浅浮雕、半圆雕、减地平锐等多种技法，具有很高的艺术价值，是我国汉代石刻艺术中的精美之作。荥经石棺画像最大的特点在于难得一见的新颖题材。虽然汉风开明，崇尚自然，但"吻"戏画面依然较为罕见。在四川地区，此类题材除了荥经外，只有在彭山、合江等地有发现。

荥经这具东汉石棺发现于荥经县严道街道新南村。当时一个砖厂取土，挖

这付东汉石棺由一整块红砂石凿成，长2.3米，宽0.9米，棺盖已损毁。石棺四周立壁面均采用高浮雕刻手法雕刻了精美图像，反映了汉代蜀人的生活和信仰

天下第一吻（城市雕塑）

被称为"天下第一吻"的东汉浮雕，被创作成立体的雕塑，放置在市区雅客园。由此可见两千多年前，蜀地的开放、蜀人的多情

到一个规模较大的古墓。古墓虽然早已被盗掘一空，古墓中的石棺却保存得十分完好，但也没有引起多大重视，被抬到了新南村一个生产队里，直到1969年才被文物工作者发现。1984年荥经县博物馆成立，石棺方才转移到博物馆陈列，引来大批专家观摩研究。这些精美的画像及图解从此蜚声海内外，成为瑰宝。

今天，这具石棺静静地摆放在博物馆大厅内静穆的灯光下，非常引人注目。棺身由整块的红砂石凿成，石棺四面雕刻着多幅生动精美的画像，分别是饮马图、汉阙、单足站立振翅欲飞朱雀、半开门美女图、秘戏图（接吻图）。其中秘戏图画面动感强烈，一男一女，双膝跪地，二人正相拥接吻，画风大胆，最为惊世骇俗。饮马图则被收录进《中国美术全集》。

汉代墓葬有一个重要特点，即视死如生。他们在活着的时候，就力求在地下复制和表现生前的生活样式，包括楚楚动人的爱情、和谐的美好生活。这幅被人们称为"中华第一吻"的画像，演绎着一个流芳千古又淳朴动人的爱情故事。

千 | 年 | 古 | 刹

荥经佛教的兴盛

荥经境内坐落着许多宝刹，其中云峰寺与石佛寺都已历经千年风雨。此外，文献中可见其名的还有开善寺、云林寺、大云寺、安福寺、晒经寺、祥符寺、宝积寺、圆照寺等。荥经的佛寺为什么这么多？佛教为什么如此兴盛？这与巴蜀佛教的发展密切相关。实际上，早在南北朝时期，佛教就已经在四川生根结果，广泛流行起来。

唐代是佛教在中国的极盛时期。在历史文化积淀深厚的巴蜀，佛教更是全面开花。从"安史之乱"到"五代十国"，与全国大部分地区相比，四川一直较为稳定，经济持续发展，地方官吏也很重视佛事。这使得巴蜀佛教入宋以后反而比唐代更盛。唐宋时期，巴蜀佛教如此繁盛，荥经遍布佛寺也就不难理解了。著名的云峰寺、石佛寺、大云寺正是始建于唐，而宋代兴建的则有祥符寺与宝积寺。此外，石佛寺中的67龛摩崖石刻中，也有不少是唐宋石匠的手笔。

元代时受制于兵祸，巴蜀佛教的发展有所停滞。荥经云峰寺的殿堂楼阁在此时被焚毁，石佛寺也只剩下孤零零的摩崖石刻。明王朝重掌河山以后，巴蜀佛教也重整旗鼓，尤其是万历以后，更是大现复兴之相。荥经的云峰寺也是在明代才得以重建。同时，城中还出现了安福寺、开善寺等新寺院。

以石佛寺、云峰寺为代表的寺院，形成了荥经独树一帜的辟支佛道场

始于唐代的辟支佛道场

在荥经的安靖乡,有一座石佛寺,寺内有许多大大小小的石刻佛像。其中主龛的佛像简洁质朴,相貌庄严。龛壁上侧残留的题记明确地告诉我们,此龛至迟开凿于唐代贞元十一年(795),距今已有一千两百多年的历史。究竟是谁兴建了石佛寺,且斥巨资开凿了威严的石像?风化与雨蚀,已经让其中的文字漫漶不清。通过雅安博物馆馆长李炳中先生的释读,我们方才从残存的只言片语中了解到石佛寺乃至川西南许多唐代古寺背后的历史。

那是波澜壮阔的贞元年间,原本兵荒马乱、一片萧条的天府大地,在新任节度使韦皋十多年殚精竭虑的治理之下,终于呈现出一派百业重兴、生机勃勃的景象。曾经时常进犯的南诏人重新臣服于大唐,"西山八国"也来归顺,西

南局势逆转，吐蕃渐露败相。在战场上暂且松了一口气的韦皋并没有停下脚步，来到荥经抓紧建设防务。很快，一座佛寺便在山边拔地而起。这就是现在的石佛寺。

这位统御一方的封疆大吏来荥经建设防务，为什么盖起了一座佛寺？原来，韦皋来荥经的首要目的是修整至关重要的邛崃关，扩建关城。一个问题随之而来，大批的军粮如果沿雅安到荥经的大路输送，只能陆运，效率太低。军粮的迟缓，大大拖累了邛崃关城的扩建，这该如何是好？

韦皋做出了一个冒险的决定——水运。军粮运至雅安换成小船，经多功峡、飞仙关，逆荥经河而上直接运抵邛崃关。这条水路的确便捷，但溯流而上是否安全，谁都没有把握。韦皋在沿途修建了包括石佛寺在内的二十多个佛寺道场，希望能获得佛祖的庇佑。所幸，寺观建起来之后，走此水路的二十多万石军粮，无一缺损。或许，韦皋正是为了感念佛祖而特别派人回到石佛寺，开凿了如今尽显威严的摩崖石刻。

石佛寺摩崖造像共67龛，243尊。雕刻内容为佛家和道家的代表尊神。主龛凿于唐贞元六十一年，佛像及题记文字记录了韦皋抗击吐蕃等重要的史实，是研究荥经"茶马古道"和西南民族史的珍贵实物资料

题记不仅告诉了我们石佛寺与摩崖石刻的来历,还引出了荥经一带许多古刹的来源。这些以保佑军粮安全为目的而修建的寺院,此后形成了荥经独具特色的辟支佛道场体系。甚至有可能韦皋初建这批寺院时,就已经将其作为辟支佛道场予以供奉。

何为辟支佛

荥经博物馆佛龛造像场景图

辟支佛是梵文"辟支迦佛陀"的简称,意为"独觉"或"缘觉",即未经释迦牟尼指点,自己体察十二因缘,觉悟得道,解脱生死之人。

东晋高僧法显曾在《佛国记》中写到,释迦牟尼成佛后,到鹿野苑首次宣扬他所悟得的佛法。在他到达鹿野苑之前,已有五百辟支佛居住,并为释迦牟尼的到来做好了准备。释迦牟尼一踏入鹿野苑,五百辟支佛便同入涅槃,证得无上正觉。在佛经的记录中,辟支佛涅槃证道时有极其特殊的"神变",即会升到半空中,随后烧身灭度,涅槃证道。

辟支佛不靠他人而开悟得道,其精髓之一就是"不择妣子",意为人人皆可成佛,因此引得众多佛教徒的追慕崇拜。

唐文宗在位时,僧人蒲光据说是辟支佛转世,觉悟证道后在荥经东缘的瓦屋山以肉身成佛。此后,辟支佛在人们心目中显得至为神圣。蒲光居住的寺院、进山的路线都成了人们追踪朝圣的对象。每年夏秋之际的荥经,大量的善男信女结队进山,以无比虔诚的心情朝拜辟支佛。在其毗卢殿内,释迦牟尼法身佛"毗卢遮那佛"周围的"十二缘觉"像就是辟支佛。

拜佛从来都是自拜其心。如何安稳己心,进而体验到一种"澄澈透明"之境?静静仰视石佛寺中庄严的佛像、云峰寺里参天的古木,在默默无言之中,或许就能得到答案。

万盏神灯朝瓦屋

荥经朝拜辟支佛有条专门线路，它从城内的开善寺出发，经十余里到达云峰寺，从云峰寺再走四十余里，到达瓦屋山的光相寺。由开善寺、云峰寺、光相寺沿线建立的"辟支佛道场"，就是这样慢慢形成的。

"瓦屋山的第一殿"开善寺是荥经县城里的"国宝"级古建筑，也称开山寺，是全国唯一的辟支佛道场的起香殿。旧时，要朝拜瓦屋山，需戒荤食素，沐浴更衣，虔诚地由此起香进山。开善寺即由此开始行善之意。原古建筑群现仅剩正殿一座，建于明成化十七年（1481）。古建筑前后檐各有斗拱八朵，结构精湛、构思巧妙；阑额饰深浮雕，精致细腻、线条流畅；天花采用深浮雕用金箔装饰，可见当时通饰彩绘的富丽堂皇、雄伟气派。

朝拜到最后一站则可以歇脚瓦屋山。夜登睹光台，但见云海间仿佛有无数盏神灯摇曳，忽明忽暗。神灯随风飘至，

> 荥经开善寺是全国重点文物保护单位，正殿有"瓦屋山的第一殿"的美誉，为明代木结构古建筑。原古建群现仅剩此正殿，建于明成化十七年（1481），单檐歇山顶，正方形平面布局，面阔三间，进深三间。全殿以十六根楠木作立柱，前后檐各施斗拱八朵。正殿内中央顶部有九块平棊，三块圆形雕花，有飞龙、舞凤、祥云、明珠图案，其纹样繁复，雕刻精美。

轻轻伸手一接，却是枯叶一枚。这等景象至为神奇，因此被称作"万盏神灯朝瓦屋"。万盏飘忽的神灯和天上的繁星相映衬，确实荡人心魄，让人不由顶礼膜拜。

传说朝拜路上常见神奇之景。善男信女们斋戒沐浴，由开善寺进香之后，过康宁、小溪铁索桥、观音岩，至解脱门、大板桥，越滥池子、火烧桥、清净桥，登狮子坪，经二十四道金沙桥至雷洞坪。上行再至钵盂、舍身、婆罗三坪，登上瓦屋山顶，可见肃穆庄重的铁瓦殿、沉香殿。金刚石、宰官石、龙蹲石，环寺而立。金刚石高二丈、围三丈，生岩畔，视若无根，下临峭壁，绝崖千丈。

来到石顶，石顶放铁鞋一双。虔诚俗子，缘梯攀石，脚着铁鞋，望空礼佛。白云中，一尊五色彩轮幻化而出，映衬于高天碧海之中，非虹非霓，半隐半现，令人目眩神驰。

瓦屋圣灯，无论是白日的五色彩轮，还是夜间的万盏神灯，无疑都极为神奇。过去走这样一条朝拜路线要数天时间，颇为艰苦。可凡是见过圣灯的人无不激动异常，身心俱受洗礼，仿佛能够听见天地与灵魂的声音。

从荣经城内的开善寺出发，经十余里到达云峰寺，再继续走四十余里，到达瓦屋山的光相寺。这是一条香客进香的朝拜之路

云峰寺始建于唐,赐额于宋,兵毁于元,修复于明,续修于清

云峰古刹

出荥经县城四公里,即到达青龙镇柏香村的云峰寺。云峰寺背靠云峰山,三面环山,确有"青山藏古寺"的幽深清远之意,给人以高旷玄远之思。整座寺庙雄伟壮观、气势不凡。大殿按中轴南北纵列,拾级而上,山门殿、弥勒殿、观音殿、毗卢殿、大雄宝殿、藏经阁、圆通宝殿一线延伸,座座大殿气势恢弘,亭台楼阁、飞檐斗拱的雕刻装饰都极富想象力。藏经阁建筑精致,层层檐角,依次向上,其凌空飞立之势给人极强的视觉冲击感。大殿内宝相庄严,法态亲切,尊尊佛像,给世人展示着佛国的神圣庄严,令人油然而生敬畏之心。

历史上诸多名士、文人墨客都曾来过云峰寺,如名士黄云鹄、画家张大千、红军将领罗炳辉、许世友、原西康省主席刘文辉等。

云峰寺始建于唐,在唐之前为黄氏家庙、道观,古称

"西蜀名刹""严道奇观"。其依山而设，胜景极多，太湖飞来石、四季神水、摇亭碑动以及古楠、古塔、避暑清风洞分别被称为云峰"三奇""三绝"。其中最令人惊叹的还要属寺前左侧矗立着的一块奇石。它的四周毫无屏障，骤然拔地而起，且面面玲珑，卓尔不凡。这块石头像块太湖石，浑然不像当地自然形成之物。因此，"太湖飞来石"也就成了它的名字。甚至很长一段时间，云峰寺都被称作"太湖寺"。

除了秀丽的山水、玲珑的奇石以外，云峰寺还以古树名木而著称。寺内有三百多株参天古木，其中最高的是两株香杉，树梢高耸入云，在寺外远远地就能看到。

这两株香杉也有一个悠久的故事。传说它们是云峰寺开山祖师所种。那时，一位从云南鸡足山来的行脚僧在去峨眉山朝圣时恰好路过荥经，见此地钟灵毓秀，便随手栽下两株杉树。后来僧人自峨眉山朝圣归来再次路过荥经，见这两株杉树生机勃勃，长得很好。僧人很高兴，认定此地不但富有灵气，还与自己甚有佛缘，于是便停下脚步，在荥经落脚生根，兴寺建

史海钩沉

103

千年桢楠巨大的树冠遮天蔽日,更显寺幽人静

院。此后荣经遂有了云峰寺,而这位行脚僧就是云峰寺的开山祖师。

云峰寺还有两棵树龄达1200多年桢楠树,树干高大雄伟,有三十多米高;树身粗壮,十多个人方能合抱。桢楠是非常名贵的树种,乃是楠木中第一珍品,也称为金丝楠。据说用这种木材制成的家具,不腐不蛀,暗有幽香,并且映着阳光能泛出丝丝金线,非常华丽。像北京故宫这样的皇家宫殿,木材大都采用桢楠。如此巨大的桢楠在全国几近绝迹,可云峰寺内竟有一百多株,尤其是这两株已经生长了上千年的桢楠,高大雄伟,让人倍感珍稀。2010年央视《国宝档案》赞誉:"这里有中国西南最大规模的古桢楠林。"2018年,云峰寺的千年古桢楠被全国绿化委员会办公室命名为"中国最美古树"。

茶|马|古|道

茶马贸易，兴盛"荣经"

武德三年（610），唐王朝对地方州县进行调整，从严道县域中分离出一个新县。因这片新的县域中有荣水、经水两条江穿流而过，加上隋朝时已有"荣经水口戍"，遂将其命名为"荣经县"，仍隶属雅州。荣经县的设立，使得荣经从严道县中分离出来独立设县，奠定了今日的格局。

荣经之名，似乎是随着一条茶马古道的兴盛而产生。此后，虽然荣经县的

1903年，法国人方苏雅拍摄的"泸定到康定的运茶人"（殷晓俊 提供）

史海钩沉

地位无法与严道县比肩,但依然在"南丝路"和"茶马古道"上扮演着重要的历史角色。位于川康十字孔道上的荥经,因茶马兴盛迎来了属于自己繁荣昌盛的"荥经"时代。

茶马古道是中国西部地区以茶马互市为主要内容的古老商贸通道,也是各民族文化交流和感情沟通的纽带。千百年来,汉藏茶马互市,不仅增进了汉、藏、彝、羌等兄弟民族唇齿相依的感情,还成为一条连接汉民族和西南少数民族、内地和边疆、中国和海外的经济路、团结路。随着国家大遗址保护工作的开展,特别是"一带一路"(丝绸之路经济带和21世纪海上丝绸之路)的提出,茶马古道受到了越来越广泛的关注和重视。

荥经是川藏茶马古道的"大路",文化积淀深厚,遗存众多。荥经生产边茶的历史悠久,在藏区享有盛誉。因茶而生、因道而盛的荥经,在这条古道上书写了怎样的传奇呢?

蜀道图(国画)

此图展现了蜀山的雄奇、蜀道的艰险。危崖山石作斧劈皴,轮廓分明,笔法劲健老硬。溪水云烟以细笔轻勾,曲屈流畅。行人、栈道出笔谨严。远山近石细致刻画,置于同一平面上,以强调山峰和栈道的雄峻与陡峭

从绢马贸易到茶马互市

"茶马古道"以这条商路上最重要、数量最多的两类商品——茶叶与马匹而得名。在中唐以前,茶叶的产量并不大,还远未走入寻常百姓家,只在社会上层中流行。但荥经在这条道路上的地位早在西汉严道时期就已经奠定。

陈椽《茶业通史》指出,我国最早关于茶的文字记载是蒙山植茶。现存于蒙顶天盖寺、清雍正六年(1728)所刻的《天下大蒙山》碑记记录了西汉严道人吴理真在蒙顶山植茶的故事。西汉资中人王褒《僮约》则提到了"烹茶尽具""武阳买茶",武阳即今彭山。可见西汉时期,四川种茶、饮茶的习惯及茶叶生产、交易、消费都已经形成,饮茶不但成为一种日常生活方式,茶叶买卖也具有了一定规模。当时严道县治所在地的荥经在茶叶交易中占有重要地位。伴随着茶

藏族生活无论家居、节庆待客都离不开茶。藏人的酥油茶的制作过程:捣碎茶砖→煮茶→滤去叶片→茶汁倒入放有酥油和盐的桶→充分搅拌→将搅拌好的酥油茶倒入茶壶→倒入茶碗饮用。藏人对茶叶的需求促成了茶马贸易的兴盛

叶的"遍产","商贾"的加入,"闾阎"(平民百姓)需求的增大,荥经的重要地位逐渐显露出来。

唐初,内地与边境主要进行的仍然是绢马贸易。宋《太平御览》记载,此时西南边地往往没有市肆,汉人与边民交易也不用金银钱币,而是"汉用紬、绢、茶、布,蕃部用红椒、盐、马之类",直接以物易物。此时记载中虽已经出现了茶,但与绢马贸易相比,茶马贸易还远未形成规模。

中唐以后,茶叶产量激增,上至庙堂、下至江湖都逐渐饮茶成风。唐朝天宝、贞元年间的封演在其《封氏闻见记》中感慨:"古人亦饮茶耳,但不如今人溺之甚。穷日尽夜,殆成风俗。"封演还有一句话值得特别注意:"(饮茶)始自中地,流于塞外。"也就是说,饮茶风气不仅流行于内地的朝野上下,还开始大量传播塞外,在边地开花结果。而此时,西南边地有一个强大的部族正在经历其最为鼎盛的时期,它就是吐蕃。饮茶习惯传入吐蕃后,迅速生根发芽,在青藏高原上风靡一时,这就为四川、云南等地带来了繁盛的边茶产业链。今天,世人皆知的"酥油茶"就是藏族同胞用酥油和藏茶调和而成的。每一片茶

好山好水滋养着的荥经好茶

因为历代中央政权高度重视茶叶贸易，所以设专署管理。全国唯一现存的宋代茶马司遗址在蒙顶山下

叶都来自千里迢迢的"茶马古道"。

在诸多有利条件下，四川迅速成为全国最重要的茶叶产地之一。而当时蜀茶的中心正是荥经所处的雅州。唐人杨晔《膳夫经手录》记载，雅州境内遍地种茶，蒙山一带更是兴起了"出茶千万斤"的"草市"，成为知名的茶叶交易市场。

到了宋代，强敌林立、边患剧烈的国情使得战马更为珍贵。同时，契丹、西夏强烈的敌意使得"马道梗阻"，北方的茶马贸易几乎停滞。荥经一线的茶马贸易遂成为此时北宋王朝边地贸易的重中之重，比前代更为繁盛。宋廷专门制定了"榷茶制""茶引制"等各种茶叶政策，实行茶叶专卖，并派专人入蜀买茶，以备购置战马。

茶马贸易的兴盛，犹如大旱过后的甘霖，迅速滋养了汉代以后一度凋敝的西南商路。"茶马古道"成为这些商路的新名字。一条向南的"南丝路"上的接力棒终于交到了一条向西的茶马道上。"根系"得以滋养，"枝叶"自然也吸收到了源源不断的养分。西南边陲的诸多市井城关，纷纷热闹起来。因此，趁着茶马古道勃兴的东风，荥经获得再度兴盛的"天时"条件，重现乃至超越往日严道古城熙熙攘攘的盛况也就顺理成章了。

穿越荥经的茶马"大路"

"茶马古道"串起了西南乃至西北许多大城小镇、关隘渡口。摊开今天的地图，陕西的凤翔、陇县，甘肃的岷县、武都，青海的乐都、湟源，西藏的拉萨、那曲，四川的荥经、广元、松潘，云南的大理、曲靖乃至贵州的遵义等地，均被编织在这条"茶马古道"上。同时这条网络也让许多曾经的古道，如唐蕃古道、阴平古道、灵关古道等，重新焕发了生机，并参与其中，会成"茶"与

藏茶生产一般有32道工序，如渥堆、翻堆、出仓、晒茶、上仓、拣茶、清茶、铡梗、配仓、打吊、走帕、蒸茶、舂包、出包、拣刷、裹纸、捆包、编苑、编包、打号、入仓等。图为产茶区入仓后的茶包，即将人背马驮，走上通往康藏的茶马古道

茶马古道示意图

"马"的大合唱。

宋时穿越川康的有两条路,一条是从雅安向南经荥经,越大相岭到汉源,再经泸定到康定,被称为"大路";另一条是从雅安到天全,越二郎山,经泸定到康定,被称作"小路"。"茶马古道"经过荥经的"大路",路线是雅安—花滩(荥经)—凰仪(荥经)—大相岭—汉源县(清溪),是宋以来的官道,其路途较为宽阔平缓,沿途驿站客栈较多。

荥经作为古代中国西南的边塞要地,交通发达,入荥、出荥道路较多,在不同时期有不同的名称,如南方丝绸之路、藏彝天路、唐藩古道等。依据《荥经县公交志》,汇集荥经的主要干线有:

(一)青衣道 也称西南驿道,是"自临邛经火井,出青龙关,入青衣河谷,出飞仙关,渡天全河,沿荥经河抵达严道古城"。

(二)雅荥旧路 从县城东渡章公渡,经庙岗岩、平政桥、新添站、谭家沟、马塘上、施家沟、斜麻湾(也称卸马湾)、孙家湾抵高桥关交雅安界。

幽暗的密林深处,人背马驮依然是千年古道上难以替代的运输方式

横亘在山涧上的铁索木板桥，是寂静的山林里落寞的人迹，昭显着旧日交通的艰险

（三）雅荥新路　在清朝光绪二十二年（1896）辟为官道，并在麻柳场建驿站，路线为从县城南渡，经红岩头、水打坝、大拐上、甘沟子、两河口、擦耳岩、双土地、何家沟、麻柳场、郭家坝、斑竹湾越麂子岗交雅安界。

上述三条路以青衣道开通的时间最早，现因荥天公路（国道108复线）的畅通而废止；雅荥新路开通最迟，也因108国道的畅通而消失；只有雅荥旧路，因高桥关至飞龙关段还有现雅安市雨城区麻柳村的一个行政村，是该村村民前往雅安的通道，而继续发挥着作用。

（四）荥汉路　过去也称清溪道，是出荥经县城西门，经古城上、高梁湾、鹿角坝、水池堡、磨刀溪、鹿背顶、箐口站、栖止堡、安乐坝至界牌交清溪界。界牌过去是荥经、清溪两县的县界，曾树有界碑在今安靖乡界牌村。

（五）荥泸路　也称川藏古道，在磨刀溪前过相岭河，经花滩场、李家岩、红石沟、九把锁、煤坪、蒲麦地梁子等地至泸定县境。在煤坪还分一路，翻山王岗至泸定的化林坪，这也是当年中央红军长征进入荥经的路。

可以想象，唐宋时期的边贸之城荥经，不只有官署、军寨，不只有商旅、驿站，也不只有茶园、草市，很可能还有各种各样的手工作坊，在喧闹的街头发出自己的声响。彼时，这里的繁荣，当丰富而多维，的确当得起一个"荥"字。

雅康道上的背夫

荥经民谣唱词："不愿我儿长大做官做府，只愿我儿将来能背得起二百五。"在千年川藏茶马古道上，这一首关于背夫悲壮的人生"背"歌，也将于历史的长河中淡然隐没。

茶马古道是一个庞大的交通网络。在这个庞大的交通网络中，只有雅安至康定是一条以人力运送方式为主的古道。在没有现代交通工具的过去，什么都是靠背的，背夫也就成了当时的运输工具。相对于成都平原的习惯于肩挑的"挑子客"，荥经人将背夫称为"背子客"或"背二哥"。茶马古道的研究中背夫一般就专指背茶包子的人，这是因为茶包是大宗商品。《南路边茶史料》载："据中华人民共和国成立初期雅安、天全、荥经三县统计，人口为20余万，其中大部分为农业人口，以茶叶作为主要收入或副业收入的约10万人以上，参与制茶的职工5000人左右，背运茶包的至少10000人。"

"茶马古道"这条繁忙而艰险的道路，串起了西南乃至西北许多大城小镇、关隘渡口

从雅安到康定，这条古路上的运输主要靠人力，马帮较少。为什么在雅安至康定这段路主要用人背，而少有用骡马驮呢？

一是雅安乃至四川边茶产区都是农耕地区，没有牧场供给骡马草料，也没有马厩供其歇脚。

二是成本核算。《孙明经西康手记》记载："在平路上，一匹马可驮12条茶，在雅安到打箭炉的路上……一个男背子最少可以背12条茶，多的可以背19到20条。女背子少的可以背7条，多的可以背10条，一般的背8条，用马驮茶还要马夫照看马匹，要是先生来经营运茶的生意，先生你会用人背还是用马驮？"这是孙明经在没有亲身走过这条路之前实在难以想象的。

三是路况不宜骡马驮行。从雅安到打箭炉（今康定）之间的路上，普通路的坡度一般为20°—30°，常会遇到45°左右的陡坡路段，最陡的达65°。路一般宽3尺左右，有的路段仅2尺宽。少数宽敞的路段也只有四五尺宽。1939年，与孙明经先生同行考察的一位武汉大学的地理老师，自费购马一匹，本以为一路上可以骑行，帮驮行李，没想到遇到陡坡不但不敢骑在马上，还要很费力气地拉马，马才能登上陡坡。此情此景让孙明经一下明白了，两千多年来，为什么这条明明叫茶马古道的路上，更多用背夫运输边茶的原因了。

在一些传统村落，茶马古道依然伸向远方，荥经"背二哥"依然在路上

茶马古道承"南丝路"而来,两者线路有分有合。从明至清,川藏茶马道分别形成了由雅州、硇门越马鞍山(二郎山)至打箭炉的"小路茶道"和由荥经、黎州(汉源)越大相岭、飞越岭至打箭炉的"大路茶道"。再往西,即有由打箭炉经理塘、巴塘、芒康、贡觉、察雅、昌都至拉萨的南路茶道和由打箭炉经乾宁、道孚、炉霍、德格、昌都而至拉萨的北路茶道

在茶马古道的藏地,唐宋时期就曾经用过牦牛来运茶,后又改用速度更快的骡马,并有"汉骡帮"和"藏骡帮"。"汉骡帮"是由汉人经营的,一般在雅安雇用,运茶到康定仅需7天左右时间,但运费要高于人工背运的20%以上。荥经没有专业经营骡马运输的行帮,只有小本、分散的经营户,且不是专业从事茶包运送。若要从事茶叶运输,则需"挂靠"别的"骡帮"。但在不急于交货的情况下,人力还是最"划算"的。

从雅安到康定这条路上,背运最多的首推茶包,还有盐、布匹、日用杂货等。头顶竹编大斗笠,手持一根丁字形拐杖,一块圆形的篾条挂胸前,背负一团高

大而沉重的包裹，成群结队的背夫，曾是茶马古道上最有特色的人文景观。

"十个背哥九个穷，背架子弯弯像条龙。"这是背夫们对自己命运的自嘲。为了生存，这条路上的背夫不仅仅是青壮年男性，还有众多的老人、少年、儿童、青年女性，甚至是哺乳期的妇女。他们大多是汉人，也有少数的藏族人。中等力气者每次背200多斤，而年轻力壮者一次能背300多斤。女人们则背一百五六十斤，当时最小的"背童"年仅10岁，能背30多斤。

1903年，法国驻云南总领事方苏雅在云南至川藏的一条崎岖山道上发现了一群苦力。抬滑竿的苦力告诉方苏雅，这是一群从四川向西藏背茶叶的苦力，他们身后背着的就是茶包，他们在路上只能站着歇息。在当天的日记中，方苏雅写下了这支队伍给他的心灵震撼："戴在头上的大草帽不仅遮阳挡雨，也使背夫们的身形奇特而且高大。苦力们一天内要走大约40公里，负重可能超过100斤。""这些外表无生气、极度贫困的人怎么能胜任这种工作，表现出如此的耐久力！"其实，当时方苏雅弄错了，这些背夫，因为背得重，只能在山道上慢慢走，他们每走一丈远就要打一拐、歇歇气，一天也只能走15公里，所以一般15公里就会有一个驿站。

"冰崖雪岭插云高，骑马西来共说劳。多少平民辛苦状，为从肩上数茶包。斑白老人十岁童，霾霖雨汗冷云中。若教宝贵说供养，也应开帘怕晓风。"这

荣经"背二哥"准备上路的行头

是清朝按察使牛树梅的《过相岭见负茶包有感》，很能说明当时背夫的艰辛。

因为有长短途之分，所以背夫又分"长脚"和"短脚"。"长脚"是从发货地出发一直背到康定。"短脚"是从发货地出发背至中转站宜东，或从宜东背至康定。宜东是雅安至康定途中的一个转运站，多数的茶商都在此设有分号。将茶包重新"起脚"，由另一背夫背运，称为"换背子""转背子"。

荥经的背夫分走两条路。一路是在花滩分手，经安靖过大相岭上的草鞋坪到宜东；一路是大漩口以上，荥河流域的背夫主要走经三合到煤坪这条路。到煤坪又分两条路，一条分右手翻山王岗至化林坪再到冷碛，另一条分左手经蒲麦地梁子到冷碛。

雅安至康定为八站五百三十五华里（一华里为500米）。从花滩经三合到康定有哪些驿站，没查到相关文献。从背夫口述来看，主要有石锅坡（又名黄包寺）、小河子、秦家街、马鞍池、新庙子、虎骨坪、斑竹弯、金洞子、煤坪（三合乡）。到煤坪后有两条路可走，如果从右边走，经蒲麦地（海子上）、龙八堡、冷碛；从左边走，经山王岗至化林坪，合从宜东来路，再到冷碛。1935年，中央红军长征即由此路从化林坪进入三合（今牛背山镇）。

雅康和康安之间往返一趟，最少需要15天，有的要走上一个月。荥经至康定一趟的"脚费"，在不同时期因物价、币值不同而不同。中等体力者，一般保持在可购买一斗至一斗半大米的水平。

"水烫脚，柴烧锅，豆渣菜一碗下馍馍。""歇的是敞屋子，枕的是柴筒子，垫的是草帘子，盖的是烂被子。""正二三，雪封山；四五六，淋得哭；七八九，正好走；十冬腊月，冷得抖。"这是他们路上的背歌。

茶马古道，对于从雅安到康定的背夫来说，是一条坎坷、沧桑而艰辛的人力背茶之路。无论隆冬炎夏，脚下踩的是艰难，背上背负的是希望。在荥经籍著名作家周文的散文《茶包》里，他们是高山壑岭间熬干了一生的雕像；在一个个背夫沧桑的歌声里，我们看见在他们渐行渐远的背影里，是一条用脚走、用肩背出的藏茶运输的史诗之路。

雅安蒙顶山茶文化博物馆中的这组雕塑，生动地展现了雅康道上背夫的艰辛

古 道 驿 站

新添驿站

出荥经县城，沿河一路北行十余里，两岸青山如屏如画。在雅安和荥经之间的飞龙关下，静卧着一个古镇——新添。新添是明时添置的一个驿站，因为是古驿道上新添置的，所以名为新添。崇祯年间驿站被裁撤。清初，设塘兵传递公文。康熙六十年（1721），川陕总督年羹尧在荥经设递铺十四个，新添站就是其中之一。

雍正十二年（1734），康熙第十六子、果亲王允礼奉旨进藏途中，曾憩新设店（新添站）。驿路、驿站虽为官方所开辟，但亦多用之于民。翻开地图，茶马古道由雅安出发，经观化乡抵达荥经境内的新添驿站，刚好是一天的行程。新添老街上的老辈们说，以前从雅安翻山到荥经县城住宿，路途有点儿远，很多马帮和背夫提出能不能在中间再建一个驿站，后来便选中了这里，正好在两个驿站的中间。由于驿站是新添加的，便顺口取名叫"新添"。

因为驿站，新添发展成荥经重要的集市。新添站，和花滩场、小河场、凰仪堡、泗坪场、石滓岗、新庙场、栖止堡等一样，都是荥经的主要集市。

如今让新添古镇闻名遐迩的是还在这里生活着的一批最后的"背二哥"——背夫。

2011年单霁翔来四川考察茶马古道时，就在新添老街上遇到一位80多岁的老背夫彭举文。腿脚不再灵便的老人和单霁翔聊起了当年的"背二哥"生涯：

新添古镇

他15岁左右开始背茶，常常是十多人一起出行，去康定要花上25天的时间，冰天雪地里来来往往，常常冻坏脚。有一年，他在这条路上走了五六个来回。

新添老街的住户周大爷家里世代从事马帮行业，肚子里藏着数不清的"背二哥"故事。周大爷说，清末民初在荥经，相对于运输其他货物，背运茶叶是比较安全的。棒客（土匪）们是不喝茶的，他们什么都抢，就不大抢茶叶。不过，背运茶叶仍是很辛苦的工作。背夫们一路风餐露宿，挥汗如雨。他们既不用手帕又没有卫生纸，每人在背夹子上吊一个竹环（俗称汗刮子），用来刮汗。背夫们都不穿布鞋，穿的是一种蚰蜒子草鞋，因为形状像蚰蜒（蛤蟆）而得名。出发时每人背上一小捆稻草，草鞋烂了就利用休息的时间现编现用，方便实用。

茶马古道上的幺店子，是"背二哥"们奔波劳顿一天后寻求温暖的歇脚处

新添的付成银夫妇都是"背二哥"。不过付成银背的是茶包，他妻子背的是大米、杂货。背大米的"背二哥"，从雅安出发经观化、飞龙关、高桥关，到新添为止。背米其实是一种小本的转手买卖——雅安的斗、升比荥经的大，雅安购买的一斗米到荥经称量，近一斗一升。民国的老百姓叫这样的生意为"翻口袋"，利润还是可观的。每每青黄不接时，"背二哥"们除了背茶，也背大米到荥经贩运，凭劳力挣点辛苦钱。

尽管新添是雅安与荥经中途的驿站，但长街上舒适干净的旅店不是为"背二哥"们准备的，只有那些偏僻"脚店"才是他们的栖身之所。"背二哥"们从雅安出发，晚上到了新添的"脚店"，拿出各自携带的玉米面，用店家提供的柴火，做好当天的馍馍，备足第二天的干粮。"背二哥"们将馍馍做好后，店家会端出一碗菜汤，好心一点的会赠送一块豆腐，让他们食用果腹。

新添站因茶马古道而兴盛，又随古道没落而沉寂。光绪二十二年（1896），雅荥新路开通，置麻柳场驿，新添站渐冷。1998年12月，荥（经）天（全）公路通车后，集市就移到了倒底坝。

如今，新添街道上的青石板已铺成了平整的水泥路面，坚固宽阔的新桥取代了铁索桥，村尾一片崭新的民居与老街形成强烈的对比——老街是岁月悠长的深

故宫博物院前院长、时任国家文物局局长的单霁翔考察茶马古道，来到新添

厚积淀，新村则是进步与发展的时代必然。但是，蓝天白云、青山翠竹依旧，碧绿的麦田和金黄的菜花，在阳光下与荥经河的粼粼波光交相辉映，这大好河山就是传统村落得以振兴的生态本底。2016年，新添被列入第四批中国传统村落名录。

新添老街是岁月悠长的深厚积淀，新添新村则是进步与发展的时代必然

黄泥堡

一条窄窄的小街，两排低矮的老式木屋，三三两两的闲散之人，在濛濛的细雨中，坐在黄泥堡的屋檐下拉着家常。

半个多世纪前，由泥巴山翻越大相岭的国道108公路修通后，黄泥堡成了僻处一隅的小村落。如果不是探寻"南丝路"与"茶马古道"，外面恐怕没有几个人知道黄泥堡的存在了。黄泥堡曾属汉源县、清溪县管辖。"堡"，本身也就是黎州夷人土司头人居住地。古道既是商道，也是官道。商贩、戍军、背夫、走卒、赴任视察的官吏，但凡翻越大相岭，都要经过黄泥堡。

清代青神县令陈登龙在翻山前夜宿黄泥堡时伤怀"细雨霏霏路，寒灯小驿站"，杨升庵有"我行再经此，感慨一长谣"的诗句。"谪戍""孤眠""风霜""雨雪"的凄苦之情流露无余。

由路的开辟而兴，又因道的废弃而衰的黄泥堡，尽管早已失去了往日的显要和繁荣，但并未被世居此地的人们所遗弃。原生态有效地延缓了这里的衰老。

距黄泥堡二十里的小关，过去有一条小小的街。姚莹的《康輶纪行》上说："村店皆覆以板，无复以瓦，可见其艰矣。"大关山有清道光年间所立的《重修大相岭桥路碑记》，由督蜀使者锡良撰并书，记录了道路之险、重修经过及作者感受。由"督蜀使者"来干这一差事，足见清政府对这条路的重视。作为商路，沿途设有递铺、幺店，专供路人歇息饮食，同时也为商家备有马匹及出卖力气的"背二哥"。作为官道险隘，这条路还起着警戒驻防作用。

不通商，财路断，繁华褪，传统生存方式受到威胁，人们便会毅然决然地舍弃历代祖先繁衍的地方。小关原本就是因商路繁忙而渐成聚落，又因商路的消歇而颓败。这个过程也许很长，但却很自然。人总是追求美好生活，当无力改变现状时，走，就是最好的办法了。

传说有皇帝选妃选中了小关的姑娘，小关属黄泥，后来就改黄泥为凰仪，取其谐音，意即有凰来仪，也算去掉了土气。

黄泥堡老街，繁华褪去后的寂寥

行政区划调整后，没有了凰仪，整个相岭河流域都属于安靖乡。当鸽子花开的时候，观花者络绎不绝，车水马龙。小关旁的铜厂沟是荥经县珙桐林最密集的地方，离县城很近，汽车可直接到达珙桐林深处，是鸽子花观赏最佳场地。景区内溪流纵横，鸟语花香，空气清新。徜徉在姹紫嫣红的大自然中，观赏翩翩欲飞的"鸽子花"，与活化石近距离的亲密接触，是一件惬意的事情。但游客一般不到黄泥堡，他们匆匆地来，又匆匆地去。当花谢花飞的时候，黄泥堡依然寂寞。

史海钩沉

箐口驿

"箐口关何险！山头路更赊。凌竟磨旋蚁，屈曲阵盘蛇。官舍唯一舍，人家无十家。客心何处切？夕照闪归鸦。"这是被发配云南的明代状元杨升庵路过箐口驿时写下的诗句。从荥经县城到花滩大桥，左转沿花凰路行走不远便是箐口站。若按古代驿站的设置，当是三十里的路程。

县志上说，在箐口驿不远处有一观音寺，此地出产一种茶，叫观音茶。清中叶，宗室果亲王入藏过此，饮用观音寺所产之茶后赞不绝口，遂叫地方官员每年采制贡品，观音茶也就由此盛名。清代著名书法家、诗人何绍基有诗云："荥经茶引行腹边，税银万两课三千。观音仙茶最上品，质轻干短色味鲜。"

据陈启文老人讲，原生的观音茶仅有几窝，新叶泛红，茶尖下垂，叶短肉厚，属观音寺的茶园。观音寺茶园并不大，产量也不高，后被列为贡品，身价陡增，供不应求。

在箐口站的入口处，尚有一座简陋的王母殿，门前摆放着从地下挖出的石雕、石刻，有兽有碑文。碑也许是风化了，也许是本身就没有文字，只能由凭吊者发挥想象。王母殿的另一边有一个用新旧石料混搭恢复起来的石塔。这塔是什么？有人说是"字"库。过去的"南丝路"与"茶马古道"就从王母殿前经过。只有在这里，在当地人的指引下，从光滑的青石板上那深深的拐子窝里，尚能感受到箐口驿的一些古意。

陈启文、伍文辉、刘殿军三人都是这一带背过茶包子的"背二哥"。他们回忆说，王母殿为过去到观音寺的山门，后来成为张、吴二姓的家庙。庙前地势宽阔、平坦，是过去定远场所在，因为是交通要道，还是官办的驿站，所以很是热闹。但最热闹的当数每年农历七月十八的蟠桃会，每当此时，荥经、汉源两地人会聚集在这里，各类商贩的叫卖，闲杂人的吵闹，南来北往客商的驻足，非常热闹。蟠桃会的重要活动是翻刀杆，所以也称为刀杆会。刀杆高二丈余，横插三十二把锋利的刀刃，届时信者携带幼孩赶场赴会，企望过三岁、六岁、九岁"关煞"。在缴纳一定数量的钱粮，并馈赠端公公鸡、上衣各一后，

箐口驿站消失在岁月深处,遗存的王母殿和孤立的石塔,见证了当年古道驿站的喧嚣往事

由端公或有能耐者攀行刀杆上下,做祈祷仪式。陈启文老人说,翻刀杆的要诀主要是双臂要有力道,只要胆大心细,一般也不容易受到伤害。"当然,天长日久,也还是有人受伤的。"专司磨刀之职的刘殿军老人如此说。

这三位背二哥都已是耄耋老人,但在当时的背夫群体里只能算作小老幺。他们回忆着回忆着,就唱起了以前背茶包时唱的山歌:

背茶要住箐口站,三座石桥一里烟。街中有名几个店,香顺大顺大有店。
客商行宿多方便,开销就是几毛钱。兰家茶店堆如山,朋起人去把茶串。
背起茶包回家转,二天准备翻大山。三十里路到箐口站,二台子有个山转山。
三天小关子来歇店,四天就要过大关山。长老坪上三大弯,空欢喜上走半天。
背起茶包翻大山,身上茶包是座山。夜晚歇脚草鞋坪,清溪的风割死人。
背茶二哥要小心,别遇土匪别遇兵。遇到土匪抢干净,遇到队伍拉壮丁。
背到宜东把茶交,莫要进店把烟烧。家中老小等到你,拿钱回家把锅烧。

苍凉的歌声里,荥经曾经的"背二哥"们,仿佛又走在了"大路"上,那些背茶途中的艰难与乐趣、日子与梦想,又都一一重现……

边 茶 贸 易 和 姜 家 大 院

在荥经县城开善寺西面、城门洞以下的老城区中，坐落着一座保存完好的明清民居豪宅，这就是久负盛名的姜家大院。这座建筑面积1025平方米、占地面积2026平方米的明清建筑，满载着厚重的历史和动人的故事，静静地向人们诉说着它的过去和现在。

作为重要的茶商，姜氏家族自乾隆年间便居住于荥经，经历了数个世纪的荣辱兴衰。姜氏家族的起伏浮沉，与明清以来荥经社会经济的发展、千年茶路的变迁、历代政府治边政策的演进有关。春去秋来、寒来暑往，姜家大院和姜氏家族相互交会，谱写着一曲无声的荥经茶业史之歌。

常年雨润烟笼、云烟雾绕，荥经被誉为"高山云雾出好茶"之地

高山云雾出好茶

作为"茶马古道"上的一个重要节点和驿站，"边贸之城"荥经，一日日目送着茶马商队翻山越岭从此经过。作为"南路边茶"重要产地之一，它生产的边茶又如何呢？身处"清风雅雨间"的荥经，气候温暖湿润，空气清新，多雨雾，土壤微酸性，森林覆盖率高，可谓茶叶生长的天然之地，是茶叶种植的最佳生长地之一。相传早在西汉，严道人吴理真就在蒙山开始植茶。

《荥经茶叶志》记载，在明万历年间（1573—1620）年销成品茶为8000担，到清雍正年间（1723—1735）已达23300余担，到光绪十年（1884）已达45000担。民国版《荥经县志》记载，清宗室果亲王入藏时，途经荥经箐口驿饮用"观音仙茶"后，大加赞赏，将其列为"贡茶"。民国及中华人民共和国成立初期，荥经都是生产加工芽细茶（藏茶中的最高品级茶）和毛尖茶的分产地，即使兵荒马乱、

荥经边茶主要有康砖、金尖、金仓、金玉、细芽、毛尖六个品种。原荥经茶厂生产的"民族团结"牌金尖、康砖茶在藏区颇有声誉，曾经屡获大奖，已经成为爱茶人士收藏的佳品

朝代更替，茶叶生产也未曾中断。二十世纪七八十年代，县境内成片茶区有安靖、石桥、凰仪、民建、双江、六合、荥河、烈士、新建、三合、石滓、五宪、附城13个乡。至今，荥经有茶园11.3万亩。荥经边茶主要有康砖、金尖、金仓、金玉、细芽、毛尖六个品种。荥经茶厂的"民族团结"牌金尖、康砖茶在藏区颇有声誉，曾经荣获1988年首届中国食品博览会金奖、中商部优质产品奖等，并在"第八届国际茶文化研讨会暨首届蒙顶山际茶文化旅游节"的"国际茶马古道杯"评奖中被评为国际金奖。"观音仙茶""古城毛尖"则在1992年第二届西部"陆羽杯"中荣获金奖。今天，在雅安藏茶的经典中，20世纪90年代生产的荥经康砖已经成为佳品，被爱家所珍藏。

边茶名牌"仁真杜吉"的创建

说起自家产的茶,上了年纪的荥经人则会记得荥经在民国年间曾有一款著名的砖茶——"仁真杜吉"。"仁真杜吉"外包装上商标用藏文墨印,藏语意为佛坐莲台,商标图为金刚杵摇铃,有阴阳和合的寓意。从事过茶包背夫的荥经老人记得,当时的"仁真杜吉"以一斤为一块,用蔑编包将20块裹成长条形,称为一包(20斤)。"仁真杜吉"的茶包,一般由荥经运至打箭炉(康定)后,再用牦牛或马匹继续运往康巴地区、青海玉树地区以及卫藏各地。

"仁真杜吉"因"熬头好,味醇和,汤色红亮,且带新茶香气"而享誉康藏近200年。这款茶的故事要从姜家大院的先祖说起。

明末清初,经历了"张献忠剿四川",整个四川人烟稀少、民生凋敝。《四川通志》记载:"蜀自汉唐以来,生齿颇繁,烟火相望。及明末兵燹之后,丁口稀若晨星。"为了复兴"天府之国",同时也为了缓解湖广等地的人口压力,清王朝颁布了一系列优惠政策,鼓励外省民众迁入四川繁衍生息。这就是著名的"湖广填四川",数量巨大的外来移民创造了近世四川的繁荣。

姜氏家族正是当年移民大潮中的一员。从姜家珍藏至今的整石雕刻的太平缸上的记录考证,姜家祖上来自甘肃天水。明朝末年,一世祖姜加有经由湖北麻城孝感来到了今眉山洪雅,以做银匠开银铺为生,经过六代人的努力(二世姜广、三世姜有桂、四世姜起番、五世姜振翮、六世姜灿、七世姜圻阔),积累了一定资产。六世祖姜灿带领姜圻阔(生于康熙五十九年,1720)于乾隆年间从洪雅来到了"边

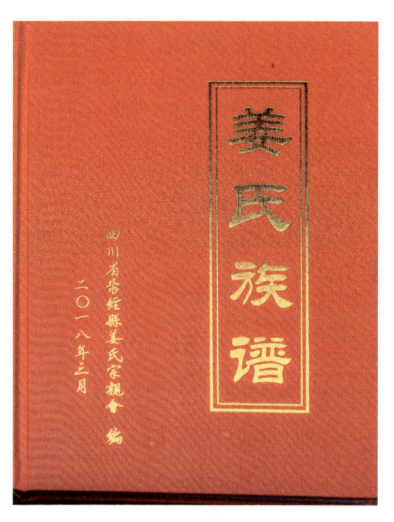

明末清初,四川战乱,地广人稀,数量巨大的外来移民因国家政策而"湖广填四川",创造了近世四川的新文明。由湖北麻城孝感入川的姜氏家族正是当年移民大潮中的一员

姜家大院，位于县城开善寺南面、城门洞以下的老城区，是保存比较完好的荥经明清民居，其建筑是典型的"七星抱月式"布局。始建于明朝中期，由一个姓徐的土司主建，后由姜氏家族扩建。它无形中见证了以姜氏家族为代表的荥经茶商在清末民国的兴衰

贸之城"荥经定居，起先仍经营铸银，在积累了一定资金后，开始从事边茶业。

姜氏家族转向于边茶事业，既是姜家先人勇于拓展的结果，也是茶马古道在明清两代进一步发展的产物。聪明、勤劳的姜家祖辈们借助这一阵东风，研制出最适合西藏人饮用的藏茶配方。姜家的第九代姜荣华生于乾隆四十四年（1779），在清嘉庆年间（1820），成立了"华兴茶店"，随后到京城登记请"引"，取得引章（购销量的茶课凭证），后来获藏人赠"仁真杜吉"之名，姜家藏茶遂成品牌。

由于姜家为人诚信，坚持品质，制茶工艺独特，其品牌很快在众多边茶品牌中脱颖而出，生产的一些极品砖茶受到西藏高僧贵族的喜爱，在西藏几大寺庙采买的雅茶中占绝大部分。西藏拉萨附近的三大寺甘丹寺、哲蚌寺、色拉寺都年年购买姜家的砖茶。不过，销到西藏的"仁真杜吉"数量实在有限，长期以来是西藏上层人士才能享用的珍品。

"仁真杜吉"给姜氏家族带来了丰厚的利润，姜家的生意因之具备了一定规模。但是在民国时期的社会乱局下，姜氏家族的茶叶生意很快遭遇到了百年难遇的困境，陷入了低谷。

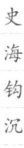

"裕国兴家"坎坷路

"裕国原从商贾富,兴家惟望子孙贤",是姜氏家族的祖训,也是其从"华兴茶店"改名为"裕兴茶店"的初衷。然而乱世飘零,裕国兴家作为一个家族的愿望,又是一个多么渺茫的理想

民国时期,荥经县知事彭祖寿亲自书写了"裕国兴家"匾额赠予姜家。这块普通的牌匾背后,藏着清朝末年姜氏家族陷入困境、突出重围、再创辉煌的故事。

道光、咸丰两朝的内忧外患中,大大小小的战乱此起彼伏,导致种田人吃不饱也不能种田,经商者不能正常营商。社会的剧烈动荡给姜家的"华兴茶店"带来了巨大的冲击,差一点就终结了姜家的边茶事业。

姜家的茶叶生意虽远在西陲,但仍然受到了沉重的打击,第一次陷入了深渊。一方面由于茶农离开了茶园,商家收不到足够的茶叶,不能保证正常的生产;另一方面,送茶的人在路上常常被抢,茶叶根本送不到康定。姜氏家族为了维持"华兴茶店",在近二十年的时间里耗尽积蓄,而且欠下无数的债务。当社会秩序得到恢复后,其时的当家人姜先兆面对着一大家人和巨额的债务,姜家只剩下"仁真杜吉"的商标。

为了振兴家族的事业,姜先兆派大儿子姜永昌和侄子姜永吉去西藏商谈债务解决等事宜。两人经历数个月的艰难险阻,辗转找到了前藏和后藏的上层人士寻求帮助。同时姜永昌、姜永吉拜访了各大寺庙,告诉寺庙的住持,姜家欠下的债务会由姜氏子孙偿还,而且姜家还会继续制作高品质的藏茶供应给寺庙。藏族宗教界人士纷纷被姜家的诚信深深打动,表示会继续购买"仁真杜吉"牌茶叶。西藏一上层人士还借了一些金银和药材给永昌、永吉哥俩,以帮助姜氏家族复兴。

凭借着这些借来的资本,加上吃苦耐劳的实干和精良的技术,姜家的茶叶生意重新开张,逐渐走上正轨,迎来了复兴。几年时间,姜氏家族便把欠债全部还清,而且还扭亏为盈,逐渐积累了巨大财富。由于生产扩大、家庭人员的增加,姜家购得了初建于明朝的一座"大院",并进行了改造和装修,专门请工匠精心雕琢。大院西面建造了茶叶生产棚架(车间),扩建了居住的后院,形成了七星抱月的院落格局。姜氏家族搬入大院后,根据"裕国原从商贾富,兴家惟望子孙贤"的祖训,将姜家"华兴茶店"改名为"裕兴茶店",取裕国兴家之意。

和此前运茶入藏打开销路迎来第一次事业高峰类似,姜氏家族的第二次崛起同样未能维持太长时间。在外部印度茶叶的竞争、内部官僚资本的倾轧之下,姜家大院的主人唯有勉力维持,才苦苦支撑到中华人民共和国成立。

清末民初的数十年里,在四川边茶通过人背畜驮,源源不断运往各地藏区的同时,来自印度的茶产品越过喜马拉雅山对边茶展开了贸易绞杀。印度茶采用种植园生产、机械化加工,不仅有藏族民众热爱的紧压茶,还推出西方流行的红茶,相较于雅安边茶,其产量更高,品质更优,成本更低。印度茶在西藏的茶叶市场上大肆倾销,挤占了边茶的市场。姜家的茶叶生意受此影响,面临着巨大的困难。加上姜氏家族人口兴旺,开销不少,更是入不敷出。1915年,姜氏家族的姜永寿继业，更"裕兴茶店"为"公兴茶店"，并于康定设店经销。其执业"公兴茶店"20余年，岁产边茶4万余包，位冠雅属。

更严重的问题是民国以来的官僚资本对姜家这样的民族工商业的压迫。这使得裕兴号的茶叶生意再度陷入困顿。1939年西康省成立后，面对捉襟见肘的地方财政，西康省政府想到的便是在边茶贸易上做文章。他们以官方资本为后盾，凭借行政的力量成立了西康最大的"康藏茶叶股份有限公司"，并要求所有茶商一律统一到该公司旗下，不允许私自卖茶入藏。

公兴茶店入股后歇业。当时，姜永寿子侄相继执业，分别易字号为"又兴店""德兴店""鸿兴店""蔚兴生"等。为了满足藏族上层人士对"仁真杜吉"的需求，姜氏家族同西藏茶商商定了一条极为漫长的路来运输茶叶：先将茶包逆向运输至雅安，再运至乐山乘船经重庆抵达武汉附近，向南经长沙、衡阳运至广州附近，分批送至香港，由香港转运印度，再由印度运至西藏。经过这一大圈转运程序，运至西藏的"仁真杜吉"有2000包，每包约20斤。

如此高成本的运输方式是各方无法接受的。姜家多方疏通，通过国民政府的干预，几经周折后终于争取到继续经营边茶、运茶入藏的权利。康藏公司的垄断一解除，整个荥经的边茶贸易如雨后春笋般复苏。然而财大气粗的官僚资本也挤入雅安边茶行业，成立一批新的茶号，与原有茶号展开恶性竞争。一批中小茶号无力抵抗，只好关门倒闭。截止到中华人民共和国成立前夕，荥经仅剩余八家茶号惨淡经营，其中就包括姜氏家族的"茶店"。

此时的姜家经历了上述变故，财力已经大不如从前，茶号的规模也小了很多。一两百年的沉浮，姜家的茶业摇摇欲坠。而这时的荥经还出现了一种被称为假茶的桤木茶。在《荥经文史》中有这样一段记载："粗茶逐渐不敷边引之需，故有奸商采桤木叶掺入茶中牟取暴利，茶务渐衰。"假茶的充斥，令姜氏家族的生意雪上加霜。到了20世纪40年代中后期，产业完全破落，姜家已债务缠身，只好变卖土地还债。直到1953年，姜氏家族的茶叶企业通过公私合营的方式成为国营茶业的组成部分，才第三度焕发生机。

1939年7月孙明经在裕兴茶店前拍摄的工人背运边茶入库

当阳光照耀在姜家大院的房前屋后，当微风拂过姜家大院精美的镂雕与浮雕，当人们了解到姜家大院过去主人的曲折发展，人们对于"裕国兴家"四个字的意涵或许会有更深刻的理解。裕国兴家，正是千年茶马古道的文化精髓。只有在新时代的今天，这四个字才不仅仅是一代茶商巨贾的理想，而是每个人心中可望可即的现实。

西│康│往│事

保路运动关键战役——大相岭阻击战

为纪念辛亥革命100周年，四川博物院2011年10月推出的"希望之路、共和之光"展览上有一张黑白照片：苍茫的群山连绵，望不到尽头。为什么这张照片如此重要？因为这是对保路运动胜利与否起决定作用的重要一役——大相岭阻击战的作战地点。

对于掀开辛亥革命序幕的四川保路运动，孙中山先生评价道："若没有四川保路同志会的起义，武昌革命或者还要迟一年半载的。"在保路运动中，荥经的大相岭阻击战，起到了怎样的作用呢？

1911年5月，清政府宣布"铁路干线国有政策"，强收川汉、粤汉铁路为"国有"，并与美、英、法、德四国银行团订立借款合同，出卖川汉、粤汉铁路修筑权。消息传到四川，百姓群情激愤。6月17日，成都各团体两千余人在铁路公司开会，成立"四川保路同志会"。

8月，回川的同盟会成员王天杰、龙鸣剑和华阳的秦载赓、雅州的罗子舟等人在资中罗泉井镇召开"攒堂大会"，决定"借保路之名，行革命之实"，将保路同志会改为保路同志军，准备武装起义，罗子舟被推举为"雅州府保路同志军"首领。

罗子舟，名曰增，雅安市雨城区沙坪乡人。其女罗良英记载，罗子舟生于1875年，家中排行老八，自幼习武，武功过人，且喜结交朋友，重义气，轻钱财，好打抱不平，在当时的嘉定府、雅州府等地威望很高，有很大的号召力。其后加入袍哥组织，成为川南雅安袍哥义字旗首领，并在川南袍哥首领佘竟成的介绍下，加入了同盟会，被推为川南水陆全军统领和上川南雅安同志军首领。

9月7日上午，赵尔丰（1845—1911）诱捕蒲殿俊、罗纶、颜楷、张澜等九人。顿时成都全城震动，数万群众涌向总督衙门请愿。清军开枪，当场打死三十二人，伤者无数，造成"成都血案"。当夜，同盟会员曹笃、龙鸣剑、朱国琛等连夜于成都南门农事场以木板制成"水电报"，上书"赵尔丰先捕蒲、罗，后剿四川，各地同志会速起自救"，投入锦江，传遍川东南，各地纷纷响应。

9月10日，荥经县人李永忠创办的保路同志会宣布起义，公举李永忠为军机处首领，薛莲航为军师，谭小山为军需，集民军编成荥字营五大哨。

返回雅州后的罗子舟也与革命党人魏士奇、李廷俊等建立雅州同志军五营，响应起义。随后，会同邛崃、荥经、

大相岭阻击战，对全川革命斗争作用巨大，是保路运动的重要一战

建于1913年的辛亥秋保路死事纪念碑，是当时川路总公司为了纪念1911年四川保路运动中牺牲烈士而修建。四面都刻有"辛亥秋保路死事纪念碑"字样，由当时川中著名书法家张夔阶（东）、颜楷（西）、吴之英（南）、赵熙（北）分别用楷、草、行、隶四种字体书写。其中南面的书法家是雅安籍的吴之英

天全、芦山、洪雅等县及穆坪的同志军共2万余人组成"川南同志军水陆全军"，声势浩大。罗子舟被推举为"川南同志军水陆都督"，魏士奇为军师。

保路同志军纷纷起义后，成都附近十余州县的同志军在同盟会成员和哥老会首领秦载赓、龙鸣剑、侯宝斋、张捷先、张达三等人率领下，四面围攻省城，在城郊红牌楼、犀浦等地与清军激战。周鸿勋率本部巡防军在邛州反正，与南路同志军占据新津。罗子舟则率雅州、荥经同志军扼守大相岭，阻击驰援成都的清军援军。

当时，同志军不但包围了成都，还切断了成都通往各地的交通。曾任川滇边务大臣的赵尔丰急调老部下护理川滇边务大臣傅华封救援。傅华封率部边军

第17镇(师)66标(团)标统叶荃部陆军以及驻守越西等地的巡防军1万多人，从打箭炉、泸定、宁远等地兼程集结于清溪县，企图越过大相岭，从荥经、雅安直奔成都。

得知傅华封率主力赴雅安，部队欲走荥经，李永忠即派人去雅州约请当地同盟会成员、同志军首领罗子舟率军来荥经共同抵御清军。9月18日，罗子舟派刘殿臣率兵100余人，与荥经同志军200多人会合，同清军激战于白马庙，同志军阵亡93人。此役也揭开了大相岭阻击战的序幕。当时，在罗子舟、李永忠的带领下，荥经沿途老幼，携械带粮，众者数千人。"投诚免死"的呼声震动山岳，迫使驻守荥经的清边军全营及城防军全部投降，光复了荥经。

为了阻击西（康定）、建（西昌）两路清军向成都进发，罗子舟命张玉麟出守大渡河口，又派谭载阳统率各乡团勇及投降的清军共四千名"西防相岭大关"。大战在即，荥经县民激情高昂，"富者输财，贫者出力"。

自9月20日起，罗子舟及李永忠布防大相岭大关。驰援成都的清军在大关山受阻于雅安罗子舟的一部民军和荥经李永忠的五大哨民军，计四十日左右。"无一兵弁援省，以助赵督之虐焰。"同时，罗子舟率领同志军围城雅安，久攻不克。由于伪降的清军官王秉衡突然叛变，致张玉麟和谭载阳牺牲，大相岭被清军攻破，大关最终失守，罗子舟率部转战洪雅、夹江、丹棱等县。关于李永忠等荥经同志军的下落，史料无更多的记载。

大相岭阻击战对全川革命斗争具有巨大作用，成为保路运动的重要一战，使赵尔丰所自豪的"全川精锐，尽数扎西、建两路"的清军，在亲信傅华封的率领下，始终无法顺利到达川西平原而救援成都。最后，傅华封见大势已去，不得不带兵投降。

"夫川人以争路与政府相抵抗，猛厉进行，万死不顾。不二三月，闻天下土崩，各省次第宣告独立，吾川灿烂光华之大汉独立军政府，亦于今日告其成。"1911年11月27日，以一场铁路纷争为开端，四川这个大清帝国人口最多的省份终于宣告独立，建立"大汉四川军政府"。

齐白石与"家在清风雅雨间"

荥经是一个神奇美丽的地方，古往今来歌咏她的文辞很多，但最能体现其地方文化精髓、代表荥经形象标识的，当数国画大师齐白石为荥经人陈耀伦篆刻的一方闲章"家在清风雅雨间"。

陈耀伦（1894—1968），字仲光，荥经人，毕业于雅州府中学（雅安中学前身），民国时期曾任川军二十四军少将副官。陈耀伦在公务之余，喜爱书法，崇尚汉魏碑刻，勤于读书临帖，逐步形成自家笔法，在书学上颇有成就。他喜好收藏名家书画、金石文字，与于右任、沈尹默、郭沫若等常有翰墨往来。

20个世纪三十年代，陈耀伦托人向齐白石先生求印。白石先生为人作画、刻印，非常择人，特别是在制印方面，有"印语俗不刻，不合用印之人不刻"的要求。他对陈耀伦的书法造诣有所耳闻，欣然应允为其治印。1934年3月初，为陈耀伦刻下"家在清风雅雨间""仲光四十岁后书""仲光"等印章数枚。

"家在清风雅雨间"源于陈耀伦同僚陈玉秋所撰"神驰洛水吴山外，家在清风雅雨间"一联。"雅雨、清风、建昌月"，意指雅安（今天雨城）的雨，清溪（今属汉源）的风，建昌（今西昌）的月，这是南方丝绸之路（茶马古道）上最宜人的物候气象。荥经正好位于雅安和清

寿山石，长4.1 cm，宽4.1 cm，高12.3 cm，兽钮，侧面阴刻楷书边款两行，曰"仲光先生清正，时甲戌五月，齐璜刊。"印面为白文，篆书，三行七字，曰"家在清风雅雨间"

1936年良友画报请驻北京记者兼摄影师魏守忠拍摄齐白石制印照片

"仲光四十岁后书"石印。

寿山石,长4cm,宽4cm,高11.7cm,兽钮,侧面阴刻楷书边款一行,曰"白石山翁刊于旧京",印面为朱文,篆书,三行七字,曰"仲光四十岁后书"

溪之间,故为"家在清风雅雨间"。这副充满诗情画意的佳联,不仅高度概括了荥经这方水土的人文精神,而且巧妙地将雅安几处地名与物候气象结合,充分表达了荥经优越的地理位置和生态之美。

齐白石为陈耀伦刻的这方多字白文闲章,文韵字雅。清风、雅雨,既是地域的指向,又是典型气候的描摹;此印语寄情抒怀,既有有生态的颂扬,又有风清气爽的寓意,细读起来,让人回味无穷,遐想联翩。不仅表达出了陈耀伦对故乡山川钟灵毓秀的眷念之情,更是成为荥经人引以为自豪的乡情代言。

孙明经的川康考察团日记

"5月13日 8:00-11:00 与岭土司谈:路线 蓉—雅,1日到,1日到荥经(90里)—乘滑竿。荥经—黄泥铺,1日(40),到汉源1日(80)。"这是1938年由抗日战争西迁入川的金陵大学教师孙明经(1911—1992)所做的关于去雅安、荥经、汉源一带的笔记。因为接受了拍摄西南边区的任务,在5月13日这一天,他在成都请教彝族土司岭光电,写下了去雅安、荥经、汉源的路线。

第二年夏天,8月1日,孙明经终于来到了荥经。此时,抗日战争已经到了第三个年头。一大群或身着长衫或西装革履的外乡人突然来到了这座小城,成为了当地百姓交口相传的新闻。这些读书人打扮的旅人是西康省刘文辉邀请的客人。他们组成了川康考察团,要前往更西边的康区,而荥经是他们考察的第三站。荥经的老百姓发现,在这群彬彬有礼的客人之中,有一位身材瘦削、戴着眼镜的青年人,不时地捣鼓着大包小包奇奇怪怪的设备,在人群中格外醒目。

他,就是孙明经,金陵大学副教授、此次考察团地质组成员。中华人民共和国成立后,担任北京电影学院教授,成为中国现代电化教育先驱。数十年后的今天,孙明经的考察笔记出版,其中的一些片段,展现了抗战时期荥经的风貌,讲述着80年前他和荥经亲密接触的故事。而其为荥经所拍摄的影像资料,则弥足珍贵。

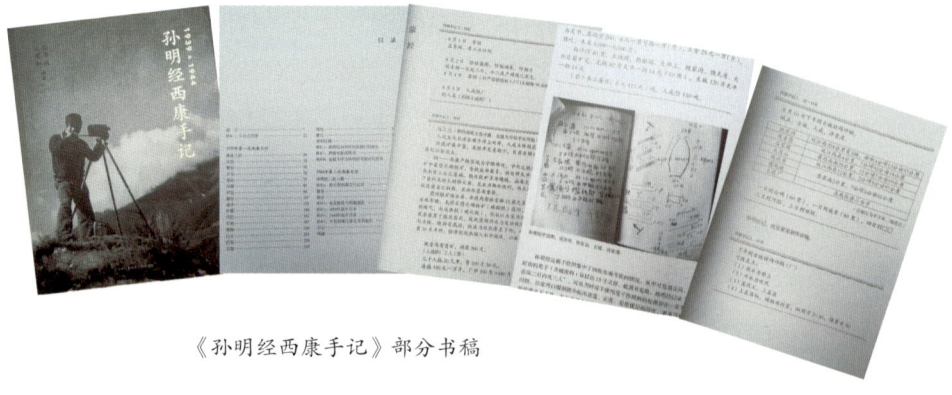

《孙明经西康手记》部分书稿

战时川康考察团

1912年中华民国成立之后，整个中国仍未摆脱动荡和战乱。从1912年至1935年，荥经名义上隶属于建昌道，后改直属于四川省，但实际上先后处于川边镇守使、四川陆军第四师、国民革命军第二十三军及第二十四军的防区之中，受军队管辖。由于地处僻远，四川十多年来的内战还未波及荥经，荥经幸得一时的安定与平和。但随着抗日烽火的传来，小城荥经也被带入时代的洪流，与全国同胞同呼吸共命运。

1939年，参加川康考察团的孙明经，为荥经留下了宝贵的影像资料

如前所述，民国以来各届政府都有经营西康的计划。这个计划最终在1939年得到落实，1月1日建立西康省，省会康定，辖区为宁属（凉山州）、雅属（雅安专区）和康属（甘孜州和昌都地区）。荥经随着雅属地区改隶属于西康省。甫才建省的西康百废待兴，面临着各种各样的困难：西康地理环境的艰险冠于全国，当地各种资源的开发尚需时日，民众的觉悟和智识仍处于较低水平，各种匪患此起彼伏，难以安抚。只有通过缜密深入的考察调研，方可见仁见智，逐步改变其现状，着手彻底的开发。

在国民政府和社会各界的组织下，各种名目的川康考察团、考察队应运而生，其中最为有名的正是孙明经参加的"中英庚款川康科学考察团"。来自十几所大学的四十多位著名学者从各地出发来到雅安成团，之后又分为多个考察专业组分头西进考察。

当时中华民国的大量物资均依赖外援，随着战事的推移，外援通道日益狭窄。国民政府意识到问题所在，开始鼓励专家学者尽可能地发掘国内资源，用以维持抗战。因而资源的考察是本次川康考察团的重要工作。

包括荥经在内的雅属地区长期与内地区隔，又是多民族杂处聚居的地区，

孙明经记录的县城街上那些让人感动的匾额早已消散在岁月的烟尘之中，但姜家大院的留存匾额展示了荣经当年的民风

当地的民风、民俗如何，民众的国家意识是否强烈，能否有助于抗战动员，也是川康考察团十分关心的问题。

西康省主席刘文辉认为：交通是西康的致命伤，西康必须克服它；交通是西康的生命线，西康必须建设它。在这样的思路指引下，修筑川康公路、雅富公路、乐西公路"三大干线"，便成为了当时重要工程。因此，荣经以及整个雅属地区的筑路条件也成为川康考察团必须调查的内容。

琳琅匾额显民风

8月9日，孙明经途经荣经县城时，惊讶地发现不长的街道上，竟然有着大大小小数十处匾额，匾额的字句也非常有意思。

"德为福基""居卜德邻"，体现出儒家以"德"为中心的价值观；"名第南宫"则映射出科举制度千年以来的重要影响，反映了荣经当地崇文重礼的风尚；"清寒春暖""春暖太和"多是酒肆的匾额，旅人看了之后停足勾留的情思自然被唤起；"秘发玄珠"的药店匾额，则古朴典雅，含义隽永；"斑衣舞彩""萱茂北堂",是人们给高寿的老人赠予的祝福,用字考究,文意典雅。

其中,孙明经发现了一块"起我健儿"的匾额。这是一块药店的匾额,店主并未使用典故,而是用白话书写,语义明确——国难当头,健儿皆有责任奋起。小小的荥经城内也有拳拳的爱国之心,这让孙明经感动不已。

身为职业摄影师,孙明经本想拿出照相机将这些匾额都拍下来。可惜这是一个夏日,街道两旁各家大门外都撑着凉棚遮挡,实在影响构图;胶片都从成都购来,总量实在有限,不能随意浪费。孙明经索性掏出笔记本,饶有兴致地挨家挨户逐一抄录下了匾额,一连经过了六十多家店铺,抄录了五十多幅匾额题词和落款。他无意间保留下了荥经重要的民俗史料。

这些匾额彰显了民国荥经市民生活中世俗与浪漫、物质与精神、传统与现代的有机融合,也给远道而来的孙明经留下深刻印象。

"坚冰在须"记险途

"8月11日,七时半发凰仪堡,午三刻到大相岭巅峰。"这是孙明经笔记中的一段文字。这天上午,他离开荥经向汉源进发,下午到达了两县交界处大相岭的顶峰。在顶峰的长老坪,孙明经采集到了一块松柏化石,高兴之余,让助手给自己拍照留念。

1939年西康省建立之后,在大相岭上修筑公路已经排上了政府的议事日程。其中的雅富公路要从雅安修到汉源富林,大相岭是必经之处。这座山到底有多险,地质情况如何,植被如何,坡度多大?作为考察团地质组的成员,强烈的使命感促使孙明经希望登上大相岭的山顶一探究竟。而抬滑竿的当地人则警告说:"此岭海拔千丈有余,直冲云霄,顶寒而栗,不可上,不可上!"孙明经使出浑身解数,才说服他们陪他一道冒险尝试登顶。

孙明经抱着沉重的摄影器材坐在滑竿之上,自大相岭北麓出发,一路上山极为陡峻。终于,一行人成功登上大相岭的山顶。在完成了一幅大相岭天险的写生作品之后,孙明经扭头看到抬滑竿的人下颌胡须上挂着一根细长的冰棱。原来,巨大的温差令其须眉之间流淌的汗水逐渐凝结成了坚实的冰柱。孙明经

《坚冰在须》1939年，孙明经摄于荥经大相岭

顾不得胶片宝贵，马上取出照相机记录下了这难得的一幕。一张"坚冰在须"的著名摄影作品便如此诞生。

此次在荥经，孙明经还拍摄了荥经陶器制作、雅安第二大桥（荥经县内）、仙缘桥、云峰寺的古桢楠、荥经太湖寺藏经阁等。离开荥经后，他在笔记本中写道："巫峡不险，剑阁不雄，峨眉不秀，青城不幽，飞可越，大难渡，所见，所闻，自夸此行不虚。地利未尽，民智未开，匪氛未靖，国难未已，考斯明，察易彰，见仁、见智，重游来日方长。"道出了青年摄影家的襟怀和豪气，也是民国时期荥经的风土写照。

1944年6月，西康省刘文辉在看了孙明经5年前拍摄的《西康》后，邀请孙明经重新访问西康。于是该年8月10日至9月15日，孙明经再次走进西康，一行拍摄黑白胶卷30卷，共拍摄雅安、天全、荥经、汉源等地照片近千幅。遗憾的是，此次拍摄的影像在"文革"时期全部失踪，再也无法看到了。

红|色|记|忆

周文对于家乡的影响

周文（1907-1952年），荥经县城人，现代著名作家，曾被鲁迅称为最优秀的左翼青年作家，是中国左翼作家联盟组织部长，在现当代文学史上占有重要一席。鲁迅逝世后，周文作为抬棺者之一，参加了葬礼。著名女作家丁玲评价周文："既是以毛泽东同志为旗帜的党的事业中的一个坚定顽强的战士，又是以鲁迅先生为旗帜的左翼文化战线上的一个埋头实干的作家。"作为一位以纸笔为刀枪的左翼作家，周文将毕生精力和全部才华都投入到革命的宣传工作之中，而他

周文，被誉为"大众文化工作的开拓者""人民作家，大众知音"

在1929年冬从康定回到故乡荥经的一段经历，也在封闭的小城中点燃了文学与思想的星星之火。

1907年6月17日，荥经县严道镇行医的何天枢迎来了家里第一个男孩的诞生，初为人父的何医师给儿子起名为何开荣，这便是后来的作家周文。不幸的是，周文五岁的时候，何天枢便撒手西去，留下孤儿寡母四人艰难度日。周文少年时习得旧学，自小写得一手好字，作文尤其出色，还能写诗作对，是公认的才子。

史海钩沉

1936年10月19日，鲁迅先生逝世，周文（右起第五人）等16位作家为鲁迅先生抬灵柩

短暂地念过几年新学堂后，每况愈下的家境再也无法支撑他读书学习，周文十六岁时被迫辍学，到川边军贺中强的部队里充当文书。民国成立之后，西康地区被划为川边特别区域，设立川边镇守使，主持军政民政。为了绥靖地方，镇守使陈遐龄组建川边军。这支军队的主力长期活动在康区和雅安一带，带有浓厚的军阀部队气息。

旧军队的生活，让周文目睹了贪污腐败、民不聊生的社会现状。1927年陈遐龄组建川边军和刘文辉的军队打起来了。贺次璜打到雅安后，在前后夹击中，只好战地投降了刘文辉。周文随贺次璜离开部队到成都，后来他考入刘文辉在成都办的川康边政训练所，学习政治、经济、三民主义等科目，同时阅读了鲁迅、郭沫诺和张资平等人的一些进步书籍，在思想有所进步。1928年初，周文毕业，到西康第二十五政务委员会任职，负责督察泸定化林坪的筑路工程，之后又短暂充任化林坪分县的代县长。对于一个年轻人来说，所谓的"仕途"步入佳境，但周文却高兴不起来。旧政权里的人事复杂，尔虞我诈、趋奉钻营的政治文化，让他内心苦闷，却寻找不到解决办法。筑路工程结束后，他回到康定，仍旧在政务委员会当差。

闲暇时刻，周文在康定的图书馆里找到了几本陈独秀、鲁迅、郭沫若等人的书籍。书中精彩的文字、思想如同黑夜中的明灯一般照亮了周文的心田，打开了一片新世界。苦苦寻求真理的青年，终于通过新文学找到了新的方向。他决心走出黑暗，寻找光明。

1929年冬，周文回到家乡荥经，很快成立了一个"研究现代新文学，研究新知识"的读书会，组织在成都、雅安念书在假期回荥经的同学，及在荥经的同学，在周文的家中传阅新文学书籍。除了鲁迅的作品，他们阅读了郭沫若的《黄河与扬子江对话》《请看今日之蒋介石》，还接触了创造社的一些小说。新文化运动的风潮，第一次传播到了小城荥经。

春节到了，周文决定成立"荥经县文化促进会"，兰悦忠、胡青柏、匡裕骐等一二十位青年学生都积极参加，支持他的工作。他十分善于组织领导，亲自去说服县长及有关人员，支持文化促进会的活动。他们利用春节空闲时间上演文明剧，以扩大宣传。这些文明剧大都没有现成剧本，靠大家自编或改编，由会员们自己上台演出，内容都是爱国与反封建的，例如《反对包办婚姻》《三·三一惨案》《棠棣之花》《刺伊藤》《哭孙中山先生之死》等剧目。他还动员青年女学生登台演出，这在当时是很大胆的举动，全县城乡居民纷纷前来一睹为快，演出轰动一时。

春节后，周文决定另找出路，说服了母亲，到雅安、成都看望同学和弟弟何开富，动员弟弟和自己一同出川到江南去闯。弟弟让周文在江南立足之后再

1939年1月，中华全国文艺界抗敌协会成都分会成立，分会大部分成员与从重庆到成都的总会理事老舍先生、冯玉祥将军合影留念。（第一排左一为冯玉祥，左九为周文，左十为老舍）

去,不料弟弟在二刘混战中战死。周文经重庆出川前往南京、上海等地,1932年遇到左联组织部长叶以群,在他的引导下参加了革命,正式成为了一位职业革命家。1933年2月,周文由丁玲、叶以群的介绍在上海加入中国共产党。

周文领导组织的读书会和县文化促进会,把新文化传播到封闭的荥经,是一件破天荒的新鲜事,就好像黑暗天空中出现的一丝曙光。周文的少年好友、西路军老战士胡青柏回忆说:"1935年红军长征过荥经时,我们又演过这样的戏。周文(1930年)那次活动对我是有影响的,没有他的宣传,我有可能不会参加红军。我很珍惜我们这段友谊,我很感谢他使我走上了革命道路。"

周文历任上海左翼作家联盟组织部部长、延安大众读物社社长、陕甘宁边区政府教育厅厅长、陕甘宁边区政府秘书长、抗战日报社和晋绥大众报社社长、中共中央晋绥分局宣传部部长、中共中央马列学院秘书长等职。周文是陕甘宁、晋绥边区文艺大众化和报纸大众化工作的杰出开拓者。1940年在毛泽东主席的倡导下创办了"大众读物社"和《边区群众报》《大众习作》。他还改革了边区政府的旧公文。1942年1月25发布了由周文起草的新公文,在边区政府政务会议中通过,陕甘宁边区政府命令要求2月15日后必须严格执行新公文。他于1942年2月提出改革文风的建议,得到毛泽东主席亲笔回信,对其予以赞扬和肯定。

尽管周文在荥经的革命尝试很短暂,但其成果不应该被低估:荥经很快使用白话文教材,实行男女合校教育。新书籍也开始突破阻碍在学生中秘密流传。周文的努力,为荥经带来了一股新风。半年之后,中共川西特委派出梁伯超、张大奎、黄维新、黄映朝等人来到荥经开展工作,秘密创建了"中国工农红军川康边防军",在荥经贫苦百姓的支持下策划武装暴动。虽然这次荥经起义因机密泄露而失败,但周文点燃的星星之火,必将燎原。1935年,中国工农红军长征入川,荥经不少人参加了红军。荥经人的爱国救亡热情,终于汇入了中国革命大潮,为新中国成立,做出了不可磨灭的贡献。

红军长征过荥经

1934年10月,第五次反"围剿"失败后,中央红军(中国工农红军第一方面军,简称红一方面军)为摆脱国民党军队的包围追击,被迫实行战略性转移,开始了二万五千里长征。长征是人类历史上的伟大奇迹,被誉为"地球的红飘带"。二万五千里长征中,中央红军共进行了380余次战斗,攻占700多座县城,红军牺牲营级以上干部多达430余人,平均年龄不到30岁,共击溃国民党军数百个团,其间共经过14个省,翻越18座大山,跨过24条大河。巧渡金沙江、彝海结盟、强渡大渡河、飞夺泸定桥、爬雪山过草地,这些我们耳熟能详的经典战例和伟大奇迹都发生在四川。

"红军不怕远征难,万水千山只等闲。五岭逶迤腾细浪,乌蒙磅礴走泥丸。金沙水拍云崖暖,大渡桥横铁索寒。更喜岷山千里雪,三军过后尽开颜。"这首大家都能背诵的毛泽东《七律·长征》,提及了红军长征途经的五处地名,

这幅"惊回首,离天三尺三"图轴,非常贴切的诠释了被誉为"地球的红飘带"的红军长征

其中就有四处位于四川。地球的红飘带，永远地飘扬在四川。而作为红军两大主力都途经的荥经，这片英雄的热土不但传承了革命精神的星星火种，而且也在不断地讲述着二万五千里长征中荥经的红色故事。

1935年11月，红四方面军在张国焘的错误决策下独自南下，在半个多月的时间内，完成了占宝兴、克天全、下芦山的任务，突破了刘湘苦心经营的防线，击败川军十七个旅，取得了初步胜利。紧接着，红四方面军从天全接近荥经，荥经县长及驻军望风而逃。11月23日红四方面军抵达荥经，在今日荥经县柏香村的太湖寺（今称云峰寺）内召开了建立苏维埃政权的会议。然而在随后的百丈关战役中，红四方面军损失巨大。12月12日，红军二十团、三十五团、三十六团为掩护主力和机关转移，在羊子岭阻击国民党薛岳部六个师，激战两天两夜，完成任务后撤离。次年的1月3日，红四方面军全部撤离荥经，并最终被迫离开雅安地区，撤回到大小金川流域。在这几个月的征战之中，荥经始终是红四方面军的战略后方，为红军作战提供了大量支援。

中央红军长征途经荥经，红四方面军浴血奋战在荥经，被染红的荥经也为中国革命培养和输出了大批革命志士——曾任中共四川省委书记的程子健，曾任中共中央华北局宣传部部长等职的李止舟，曾任中国武警总部副司令员的黄英夫及陶希林、何佑云等多位地师级以上荥经籍老红军，以及曾任陕甘宁边区政府秘书长、中共中央马列学院秘书长的周文等。红军长征撤离荥经时，有700多名荥经男女青少年参加红军，走上长征路、走向了革命，走向了抗日战争和解放战争。

荥经向来不乏英烈之士。中共川西特委派回县拟组织武装起义而被捕就义于雅安的荥经籍党员黄维新、抗日战争时期出川抗战的川军中将师长荥经籍王学姜，还有舍身保卫毛泽东而壮烈牺牲的警卫班长胡长保、岗家山一带壮烈牺牲的解放军七烈士等，都是荥经英烈的代表。红军撤离荥经后，国民党反动派对革命群众进行了血腥屠杀。据不完全统计，有近200名红军指战员、60余名县、区、乡苏维埃和游击队干部，在反动派屠刀下壮烈牺牲。这些烈士的光辉事迹被载入革命的史册，是荥经县一笔宝贵的精神财富。

胡长保纪念馆

在荥经县城的西面，有一个平台之地叫小坪山。顺着长长的石阶，登上这个平台，一株巨大的千年桢楠树撑着如伞的华盖，遮蔽着凉亭回廊。蓝天白云下，苍松翠柏间，掩映着高耸的纪念碑。碑的后面是一座庄严的建筑，上有匾书"胡长保纪念馆"。碑下的半坡间，有两排坟墓，其中以排在正中间的一座尤为引人注目，墓碑上书"中央红军毛泽东同志警卫班长胡长保烈士之墓"。

这里是荥经县烈士陵园，园内安葬着为解放荥经而牺牲的七位烈士和中央红军毛泽东同志警卫班长胡长保烈士。

大凡描写红军、描写长征的作品，都要记述这件事。

20岁的胡长保，在敌机轰炸之际，用身体护救了毛泽东这个情节，在警卫员陈昌奉的回忆录《跟随毛主席长征》中有较为详细的记载。胡长保勇救主席这一真实的故事，在《长征》等电视剧中，被演绎得非常感人

人们常常到小坪山烈士陵园缅怀胡长保烈士

　　1935年6月2日，进入荥经县境的中央红军来到了荥经县牛背山镇茶合岗。当队伍行进到山腰一片开阔地时，突然，天空出现三架敌机，气势汹汹地向队伍俯冲过来。毛泽东见状急忙大喊："隐蔽！隐蔽！"敌机俯冲下来，炸弹呼啸落地，爆炸声震耳欲聋。其中一颗炸弹，落在离毛泽东很近的地方。千钧一发之际，警卫班长胡长保大喊一声："主席！"猛然扑上前，用力将毛泽东推向一边……炸弹掀起气浪，烟尘滚滚，什么也看不见，只听得毛泽东急切地呼唤胡长保同志。战友们都围了上来，只见毛泽东安然脱险，胡班长两眼紧闭，依偎在毛泽东同志的胸前，双手紧紧地捂住流淌着血的腹部，身中数块弹片，再也站不起来了。毛泽东用手轻轻地抚摸着胡班长的头，从他那沉重的表情上，同志们有了一种不祥的预感。在听到毛泽东同志深情而又熟悉的呼唤后，胡班长脸上绽开了笑容，他断断续续地说："只可惜我不能和你们一起到达新的根据地……祝革命早日成功……"就永远闭上了双眼。

　　面对长时间跟随自己，又为了保护自己而牺牲的战友，毛泽东禁不住潸然泪下，悲痛地将胡长保遗体轻轻放在地上，慢慢站起来，低声对卫士陈昌奉说："毛毯！"陈昌奉立刻把挂在身上的毛毯递过去。这一条毛毯从井冈山时代便一直伴随着毛泽东，是他十分珍爱的一件衣物。毛泽东将毛毯缓缓展开，小心翼翼地盖在胡长保的身上，然后缓缓地站起身来，摘下头上的红军帽，默默地在胡班长的遗体旁边，站了很久。按照毛泽东同志的嘱咐，红军战士将胡长保的遗体，抬到茶合岗的黍子地，掩埋在两座古墓之间。已随队出发的毛泽东放心不下，又返回到埋葬地点。他接过战士手中的铁锹，铲上土，轻轻地添在了坟头，而后才转身继续长征。

　　1990年初，中共荥经县委、荥经县人民政府决定，将胡长保同志的墓迁移到小坪山烈士陵园。他舍身保护毛泽东同志的光辉事迹也收进革命烈士事迹陈列馆，成为红色革命教育的生动教材。2005年，在纪念中国工农红军长征胜利70周年之际，荥经县又修建了胡长保纪念馆，并将严道一小更名为胡长保小学。

泡桐岗——长征中最难走的路

1935年6月5日，中央红军从黍子地出发，向天全县行进，途经著名的泡桐岗。泡桐岗位于今荥经县牛背山镇建政村（即黍子地）与荥河镇和平村之间，民间称之为"苦竹山"。泡桐岗虽只有2301米高，但上下各三四十华里，前山的原生竹林密不透风，后山苦蒿沟纵深十几公里，断崖深切、水急林茂、淤泥没脚，至今连当地人也极少进山。

泡桐岗是红军经过荥经，翻越雪山前路过的一个极其艰险的地方。当时大雨滂沱，瘴气弥漫。时任红五军团参谋长的陈伯均在1935年6月5日的日记中写道："悬崖数丈，绝壁时生，石坎参差，烂泥太深，攀葛附藤，举足不敢进，骏马走骡死伤在十匹以上。"谢觉哉写道，长征中"我们遇到了一个非常难走的地方——泡桐岗。哪知道根本没有

黍子地全景，远处的高山是泡桐岗

路，只有些攀藤负葛的痕迹"。原国防部长张爱萍曾在回忆录里写道："泡桐岗是红军长征中最难走的路……"《彭雪枫传》中，这样形容行走泡桐岗的艰难，"过泡桐岗时，上下15公里，荆棘丛生，竹木遍地，张爱萍带头抡起大刀，劈山开路，差点累倒……"曾任周恩来警卫员的魏国禄在《随周恩来副主席长征》中回忆："遍地是稀泥，连巴掌大的干地方也找不到，更找不到干柴和清水。我只好用茶缸接雨水给首长喝。睡觉怎么办？结果周副主席就这样靠着树干站了一夜。"陈云在其著作《随军西行见闻录》中记道，当满身污泥的红军翻过泡桐岗"下山寻到人烟之地，居民非常惊异。他们无论如何不肯相信我们是从这高峰上过来的，因为他们只听到祖宗传说，山上有条什么小径可通，可是近百年来，谁也不曾通过。在他们看来，我们仿佛是从天上降下来的"。1936年，毛泽东在接受采访中谈道："比大雪山更艰难、又得爬的莫过于人迹罕至的泡桐岗。那里根本没路，红军要靠自己砍伐长竹铺在齐腰深的泥淖上通过。"斯诺后来证实："毛泽东告诉我，在那个山顶上，一个军团损失了三分之二的驮畜，好几百人倒下去再也没起来。"

荥经泡桐岗，是红军长征路的一个重要节点，也是今天长征国家文化公园四川段的一个重要地标。

澄和风物篇

如果你聆听过荥经的竹号声，一定会为那悠远浑厚的声音迷醉；如果你看到过烧制砂器时升腾的烈焰，一定会为陶泥成器而感动。

因为一口荥经砂锅，因为一道生态美食，荥经人的胃变得温暖。在茶马古道邂逅黑砂，感受砂茶共舞的氤氲妙韵，体悟器与食的交相辉映。在烟火市井中，绝佳的生态食材与南来北往的饮食文化叠加，荥经人以充满想象和实干精神的砂锅雅鱼、挞挞面、棒棒鸡，开启了自己的饮食之美。对荥经人而言，这些美食堪称一生之至味。

留给荥经孩童乡情的记忆，是儿时的一口椒盐饼子，是初一的新春游园活动和初九的云峰寺庙会，是充满农耕气息的一场春分盛会，是母亲为我们挂在胸口的一枚端午香包，是飘荡在风中的纸鸢风筝，还是一条在田坝上飞腾的草龙？

这是一块古老深沉的厚土，这是一块意气风发的土地，这也是一块生机勃勃的沃土。

迁居荥经天凤乡已逾570年的陶氏家族，其祖先陶渊明曾经写下："天气澄和，风物闲美。"这也正是对荥经的最好诠释。

非|物|质|文|化|遗|产

千年黑砂

走进荥经县严道街道古城村,大街两旁的商铺里,紧凑而又整齐地堆码着各式各样黝黑的砂制器皿。在阳光的照耀下,这些砂器折射出银色的光芒,粗犷里透露出细腻,拙朴中洋溢着精致。

荥经砂器,以"荥经砂锅"闻名,其质地古朴,有着数千年的烧制历史。考古专家对严道古城遗址附近春秋战国墓葬和秦汉墓葬出土的陶器进行研究,

发现春秋战国时的陶器其原料、配料、器型、制作工艺已和今天的荥经砂器类似。清乾隆、嘉庆年间古城王氏制作的砂器已名声在外，宣统年间砂器制作坊发展至10余家，民国时达20余家。当时，砂器制作主要以锅盆碗盏等生活器皿为主。20世纪50年代初期，农村集体兴办砂锅厂，统一经营，1958年组建"荥经县地方国营砂锅厂"，1981年改组为"荥经县工艺砂器厂"。20世纪80年代初期，荥经县工艺砂器厂改进工艺，主要生产砂器等生活用具和花瓶、花盆、鱼缸等装饰器皿，共40余类。

民国初年，荥经县实业所选送到四川省政府的"荥经砂锅"，曾获得金牌3枚。2008年，荥经黑砂手工烧制技艺被列入国家级非物质文化遗产名录。2013年，荥经砂器列入国家地理标志保护产品。2019年，荥经砂器成功注册地理标志证明商标。至此，荥经砂器获得三个国家级殊荣。

土与火的艺术，荥经制陶工艺

1985年1月，荥经县严道镇的同心村发现了距今4000年左右的石器制作场遗址，除石器外，此地还出土了夹砂陶片和灰陶片。夹砂陶是胎体含砂粒的陶器，胎体含砂能使陶器在高温焙烧下不变形，而且制成的陶器受热也不碎裂。考古专家对严道古城遗址附近春秋战国墓葬和秦汉墓葬出土的砂器陶器进行研究，发现春秋战国时的陶器其原料、配料、器型、制作工艺已具备了后来荥经砂器的主要特征；而秦汉时的陶器其配料成分、比例、器型、制作工艺、烧制温度均与今天基本一致。

直到今天，荥经砂器烧制一直沿用历史遗留下来的传统手工作坊生产方式，全部采用纯天然原料，制作古朴，做工精细，烧制考究，集艺术性、实用性为一体，被

碎料

制坯

阴干

被粗砾黑砂打磨粗糙的工匠的手，灵巧地制造出了温暖千家的砂器

入窑

上釉

出炉

雕刻

誉为"土与火的艺术"。据研究，荥经砂器盛装食物保鲜和留香除异味的特点是由荥经所独有的两种原料决定的。一种是荥经古城坪特有的白善泥，另一种是荥经所特有的独联碳：古城坪特有的高岭土（俗称白善泥），无污染，无毒无害，具有生态性和唯一性；独联碳则具有发热量高、含硫量低、灰分少的特点。

荥经砂器的制作方式分为采料、粉碎、搅拌、制坯、晾坯、焙烧、上釉、出炉、入库等几道程序。工艺要求环环紧扣、一丝不苟，其中尤以制坯造型最为重要。手工的轻重、图案的精致与否、打磨的程度都直接关系到成品的质量。焙烧的火候、上釉的优劣也决定着产品质量。

今天，古朴、美观、大方的荥经砂器，除了传统的日常生活器具，也逐渐向工艺收藏品转型升级。作为国家地理标志保护产品，荥经砂器产地范围为荥经县严道镇、花滩镇、五宪镇、民建彝族乡等区域。

荥经砂器主要有制泥、成型、晾坯、装饰、打磨、抛光、烧制、取釉、出炉、检验等工序

窑工把握火候，需要全副"武装"面对高温。开窑一刹那的烈焰，犹如火龙憋足了劲腾空而起，非常壮观

亲民，荥经砂器的生脉

"天地之间，人最为贵。"人类一切的努力，都是为生活更幸福。荥经黑砂手工制作技艺之所以能传承至今，成为国家级非物质文化遗产，就在于它始终与人类的生产生活紧密相随。

荥经砂器采用古城村独有的黄白色粘土，民间俗称白善泥，土质细腻，粘性度高，可塑性强。将白善泥风干研磨成粉，与一定比例的煤渣混合制坯，经1200℃左右的窑火烧制即成。荥经砂器上釉方式与用材独特，主要使用山上的杉树枝桠、木屑密封上釉，即杉枝上釉。杉树的树脂含量高，在高温下迅速氧化并附着于胚体表面，同时将胚体中的矿物元素溶析出，形成一层氧化物结晶，冷却后自然呈现出乌沉银亮的金属光泽。这种氧化物能抗腐蚀，耐酸、碱、盐，不与所盛之物起化学反应，所以黑砂器能起一定的保鲜作用，烹制食品能保持营养成分和本味，熬制中药不走药性。

在荥经严道街道南罗坝村一座典型的战国时期的巴蜀墓葬中出土陶器二百七十余件，这些器物具有强烈的地方特色。陶质分为夹砂陶和泥质陶两类，器型有豆、罐、釜、盂、钵、甑、盏、盒、鍪等。这些造型各异的陶器都是农耕生活的直观反映。

1939 年 6 月，金陵大学教授孙明经考察川藏茶马古道时，在雅安专程拜访明德中学校长、来自美国哥伦比亚的教育博士施勉志先生。这位 1917 年来到雅安办学的美国人被称为"西洋茶痴"。这位做过全科医生的老外特别钟意荥经人传承千年的养身诀窍——用荥经砂器煮雅安的水，泡雅安的茶，以达长寿之目标。他学着当地人诗意地将这套砂器泡茶程序称为"采云""纳云""煮云"。也正是通过这次考察，孙明经成为第一个用相机记录荥经砂器的人。他记录下了施勉志所用"晓湖""春月"的荥经砂制茶具，发现了"采雅云""泡雅茶""待雅客"的雅州茶艺。

孙明经认为，雅安的发酵茶，也就是藏茶及红茶，在生长过程中吸收了当地"土脉"中的种种对人生理有益的微量元素，在其发酵过程中产生的种种对

人有益的物质,都会"汇入"雅茶的茶汤中。在"采云""纳云""煮云"的过程中,荥经砂器仿佛在谱写一首生命的乐章。

　　荥经是革命老区,中国工农红军在这里留下了许多感人的故事。朱林在其所著《红军长征的民间记忆》中写到道:"荥经农民收留红军伤员,就像今天影视作品里见到过的情景,在荥经真实地存在。为红军伤员早日康复,乡亲们为战士熬鸡汤,荥经砂锅起了不小作用。女红军因连

1939年,川康科学考察团的孙明经,是第一个用相机定格荥经砂器的人

荥经
家在清风雅雨间

荥经砂器烧制一直沿用传统手工作坊生产，全部采用纯天然原料。荥经砂器制作古朴，做工精细，烧制考究，被誉为"土与火的艺术"

续行军作战病倒了，只得离开部队，女红军便成为当地农民的'女儿'，主人上山采药用砂锅熬制偏方，用了近一年的时间治疗调养，女红军终于治愈了。"

三足炉、烘锅子、药罐子，砂锅陶壶，这些东西在生活中常见。正是这些俗的、日常生活中不可或缺的器物，构成了荥经砂器文化的精髓。将时光倒流回去一二十年，无论城镇、乡村，也不管是泥土地面，还是水泥地面，均用一大石板垫底，在石板上面摆上一个三足炉，以柴或煤为燃料，集炊事、烘炕、取暖于一体。秋来冬去，借着炉火温暖的光作为照明，家猫倦于怀中，小孩依于腿上，邻里相聚，拉着家常，唠叨着陈年旧事。这人间烟火，温暖了冬天，熏香了腊肉，烘干了粮食——"寒夜围炉，田家妇子之乐也。"砂器带给人们的还有各种美食，除了著名的砂锅雅鱼，还有砂锅串串、砂锅豆腐、砂锅煨肉……砂锅的菜谱还有很多，以至热爱美食的四川人，提到荥经，总会联想到各种砂锅佳肴。

荥经的砂锅是如此普通而平常，就像民国版《荥经县志·货属》所载：砂锅"制甚朴陋，然价廉而质坚，颇销行境外。近稍知改良，无器不制，亦吾乡一利源也"。

荥经砂器制作技艺之所以能成为中国的非物质文化遗产，就是因为它是生产、生活与艺术的完美结合。

流淌在血液里的工匠精神

荥经砂器生产主要是家族手工作坊的形式。清乾嘉年间，荥经的王氏砂器已声名远播。后来的非遗传承人如曾庆红、朱庆平

荥经砂器艺术创作工作室

荥经砂器制作技艺传承人朱庆平

等，其家族传承均在三代以上。时至今日，多数的企业与作坊仍然是以家族姓氏打头，如朱砂锅、曾家窑、罗氏、赵氏。朱庆平、严云杰、曾庆红均为四川省级非物质文化遗产荥经砂器制作技艺的著名传承人，从族谱与家族故事中可知其皆出自砂器世家。朱庆平是省民间一级艺术家，从艺38年，系朱姓砂器第八代传人之一，自幼喜欢砂器制作，代表作品有龙砂锅、花砂锅、工艺品摆件及砂器茶具。"千年古鼎"被国家女子排球队收藏，"仿吴理珍茶具"被南京市博物馆永久性收藏。严云杰，四川省民间艺术大师，四川省工艺美术行业协会常务理事，师从代廷安，后拜四川美术学院教授马高骧为师，从事泥塑创作与荥经砂器制作研究，对荥经砂器泥料配制有新的突破，把荥经砂器从单一色发展到了多种色彩，代表作品"泉壶""邓通壶""千年一吻壶""四方壶""汉韵壶""长乐壶""大龙宝玺壶"，可谓荥经新一代砂器的开创者之一。曾庆红，四川省民间艺术家，四川省工艺美术大师，从艺35年，曾氏砂器第九代传人，师承代廷安，代表作品有"观音""唢呐手""砂器雕塑""荷花瓶"。2007年，砂器雕塑"川剧脸谱"被加拿大华人收藏。

一技之长只是一份养家糊口的工作，而作为技艺，则要有一种精神。有人说："从艺半百人生，专注做点东西，至少，对得起光阴岁月"，这或许就是荣经砂器传人的匠人匠心、工匠精神。今天，面对荣经砂器沉甸甸的"国家非遗""国家地理标志产品"等殊荣，传承与创新成为荣经新一代砂器人的时代使命与不懈追求。

　　与现有的砂器一条街相连，荣经县建成的砂器文化博览苑是集荣经黑砂历史、文化、艺术、展览、体验等为一体的"博物馆"。依托国家级文物保护单位"严道古城遗址"和国家非物质文化遗产"荣经砂器烧制技艺"两个"国宝"，荣经砂器文化博览苑将打响"中国黑砂"品牌，以品牌效应带动全域旅游，实现文旅深度融合发展，把荣经建设成为有特色的旅游目的地。这正是"千年窑火盛世红，万众瞩目新荣经"。

围木成炉

荥经砂器的发展,与荥经铁匠"围木成炉"的土法技术可谓相辅相成。或许,二者本就一起诞生于这片秘境。

康熙四十四年(1705),大渡河上修建的泸定桥也与荥经铁匠"围木成炉"的土法技术也密不可分。泸定桥连接两岸的铁索重40吨,有12164个铁环,13根铁链,每根铁链就有1吨多重、由862至997个铁环相扣构成,历经300年,至今仍在使用。此桥因红军长征时"飞渡泸定桥"而成名。据传这座桥的修建不但汇集了周边汉源、天全、荥经、西昌等数个县的能工巧匠,其造桥铁料就源自200多里外、富有铁矿和擅长冶铁的荥经县。

铁矿工人们先将采集的菱铁矿石(即碳酸铁)敲碎,加以煅烧,使之释放出二氧化碳,留下黑色的氧化亚铁($FeCO_3=FeO+CO_2\uparrow$);接着工人们在氧化亚铁上面覆盖上木炭,利用木炭中富含的碳元素作为还原剂,继续加热使

泸定桥的铁链,正是荥经传承数千年的"土法技术""围木成炉"的杰作

1939年7月孙明经在荥经县人成铁厂拍摄的"古法炼铁"——围木成炉炼铁的场景

其还原为铁（$2FeO+C = 2Fe+CO_2\uparrow$）。原料虽然可以就地取材，化学原理也算简单，但要实现起来仍需要一定的技术，这个技术就是"围木成炉"。荥经人成铁厂的工人们在炼铁之前就用木头搭好高高的"炉子"。木头做的炉子，自然无法承受冶炼的高温。实际上这个木头"炉子"只是一个外炉，炉外搭有坡道，方便工人们步行至投掷原料的进料口。而实际的冶炼炉，是木头炉子内部的、用耐火砖砌成的鼓风窑。当用水力带动的鼓风机转起来后，窑内的温度迅速升高，菱铁矿逐步向熟铁转化时，木头外炉便成了屏蔽外界氧气的"屏风"，促进化学反应尽快完成。高温之下铁液熔化降至窑底，冷却后即成为一块块铁板。

1938 年，当孙明经来到荥经之后，最吸引他的，也正是当时荥经人保留下来的传统采铁、炼铁的工艺。

　　抗战时期，一切为了军事，一切为了胜利。孙明经虽是一介书生，仍心怀报国之志。孙明经来到荥经之后，第一项工作便是考察荥经的矿产资源，以求今后开发，增加国家的工矿业实力。在 1938 年的笔记里，"荥经铁厂"就在他的考察计划之列。

　　8 月 5 日，孙明经来到有名的荥经人成铁厂，这是当地绅商集资合股经营的新企业。在这里他兴奋地发现：虽然荥经出产的铁矿多为菱铁矿，不如西昌等地出产的磁铁矿那般含铁量丰富，但人成铁矿附近并不缺乏燃料和用于制造耐火砖的火石，且水力资源十分丰富。他饱含激情地记道："在建省之初期，其地位甚为重要。"

　　此时荥经的冶铁业还停留在手工业阶段，孙明经称当地冶炼熟铁的技术为"早有成规"的"土法技术"。聪明的荥经人民在千百年的实践中掌握了从菱铁矿中提取铁单质的技术。通过孙明经的记录，今天的人才可以一窥民间高手们的智慧。

　　虽然用这样的"土法"炼铁产量不高，但其中的精妙仍然让见多识广的孙明经啧啧称赞。而且孙明经敏感地意识到这些生铁可以提供给国防使用，他在笔记本里明确记载："若兵工署买，115 元 / 吨。"在这位爱国知识分子眼里，荥经的铁经过加工，也可以成为保卫国土的枪炮。果然，此后两年荥经先后成立了官办的华西铁业公司、定安钢厂、私营西康省铁业公司，开始了工业化的进程。

　　今日荥经县严道街道人民路西段的老街，以前就叫做"铁匠街"，原因是民国时期，在这条短短几百米的老街上，竟有十余家打铁铺子。在叮叮当当的打铁声中，荥经县"铁匠街"和乡镇上，时常可见的铁匠铺里，荥经铁匠挥汗如雨的场面，摆满了铁器农具和菜刀剪刀的摊位，依然是我们最为质朴的回忆。

　　从祖祖辈辈的手艺传承到非物质文化遗产，荥经的手工艺经历了一个土与火的过程，至今长盛不衰，并且依然焕发着生机。

荥经竹号

荥经竹号是四川省非物质文化遗产。但产生于何时并无确切的记载,据说有数百甚至上千年的历史。

历史上,荥经是多民族杂居地。虽然诸葛亮和孟获都没有到过荥经,但民间却传说竹号的产生和诸葛亮"七擒孟获"的征战相关。古时邛崃山(今牛背山)是邛人、笮人的界山,荥经是边关要塞,时常发生战事,古代的军士,把竹号作为传递军情和发布号令的重要工具。竹号声音虽然低沉,但是传得远,对面山上也能听见,因此又叫"过山号"。虽然这里早已没有了战争,但竹号却流传了下来

荥经竹号吹不出曲调,只能吹出"呜嘟嘟"的声音,因为吹不出曲调,所以在非遗传承里,荥经竹号被归为传统制作技艺类。

荥经城乡,慈竹很多,逢年过节、农闲休息,随手砍一根嫩慈竹便可制作一支竹号。二十多节削好的大小竹筒,按从大到小顺序接牢而成,号体端直,

数十只荥经竹号交替响起,呜嘟嘟的竹号声,时而沉郁悠长,时而高亢脆亮。声音穿山越岭,与山风应和着,久久回荡……

古老而神秘的荥经竹号，是原生态的大地之声

长过一米，呈喇叭状。喇叭状能将声音放得更大，传得更远。

吹奏竹号需要中气十足，因此成为男青年展示自身力量和魅力的一种方式。竹号也成为人们喜爱的吹奏乐器。

竹号做好了，得先"试号"。持号者，举起绿幽幽的竹号，把号头衔在嘴里，深深吸一口气，然后鼓着腮帮一用力，"呜——嘟嘟，呜——嘟嘟——"。吹号的技巧不多，主要是吸气要足、吐气要匀、偷气要勤。"偷气"是重要的技巧，能一口连吹二十四声"呜嘟嘟"，且"呜嘟嘟"音调长短不雷同的，就是高手。

集体表演的时候，数十只竹号交替响起，呜嘟嘟的竹号声，时而沉郁悠长，时而高亢脆亮，穿山越岭，与山风应和着，有"余音袅袅，不绝如缕"之势。

每到春节，荥经城里都要举行新春游园活动，按照惯例都是一队过山竹号打头，只见号手们身着绿裳，头戴斗笠，脚踏草鞋，队伍整齐，号声高亢，非常壮观。

列入第三批四川省非物质文化遗产名录后，荥经竹号有了传习所，制作工艺得到了改良，号手们的水平也得到提高，不仅能吹出"呜嘟嘟"，还能吹出"哆来咪"。从此，荥经竹号从田边地角走向文艺舞台，成为民间文艺舞台的一枝奇葩，常常在省市大型文艺活动中登台露面，甚至还登上央视舞台。

民|风|民|俗

新添"长街宴"

每一年过年的时候,对于荥经新添人来说,一个盛大的节日开始了——新添人自发组织,由凑份子而来的"长街宴"。

荥经新添人"长街宴"的临时厨房就设置在新添老街老戏台前的空坝上。一大早,街坊们就开始生火、洗菜、斩鸡、剖鱼,为"长街宴"忙碌。

荥经
家在清风雅雨间

过年的时候，新添古镇的"长街宴"，是最有中国年味的幸福场景

中午一点，"长街宴"正式开席，一张张桌子贯穿了新添长长的老街，贯穿了荥经新添人地老天荒、盛世太平的岁月。村民们用三轮车来回运送香肠、腊肉、丸子、酥鱼，将热乎乎的饭菜端送到桌上。长街宴上摆的是地地道道的农村土九碗，每一桌都是九道菜，姜汁肘子、糖醋脆皮鱼、怪味鸡块、豆渣菜等，样样都是当地农村喜宴里不可或缺的菜品。

荥经人"九大碗"散发的浓浓香味中，座无虚席的"长街宴"衬托出过年的热闹，映照着新添邻里乡亲的幸福，也引得外来的游客们参与其中，获得一份独特的年味儿。

新春游园会

每到农历正月初一,荥经周边的百姓全家老小一大早就涌入县城,只为非凡热闹的新春游园活动。

上了年纪的荥经人会告诉你,民国时,荥经县城正月十三至十五会举办灯会。届时,城乡男女老幼都会汇集到县城观灯闹元宵。那时候,观看狮灯、龙灯、花灯、牛灯的人群,会在傍晚纷纷涌向县城。荥经传统的灯舞,有只舞不唱的"耍"龙灯、狮灯(分地狮和高台,高台是踩高跷舞狮子的"高脚狮子灯")、猪灯、蚌壳灯等,有且舞且唱的"唱"花灯(幺妹灯)、牛灯、车车灯(采莲船)等。从正月初一到正月十五闹元宵,荥经县城好不热闹。

正月初一一大早,荥经县的二十多支民间文化队伍,就从十里八乡汇聚到县城里,纷纷拿出了自己精心准备的

荥经县城最热闹的活动,是正月初一的"新春游园会",并成为一代代荥经人年节的记忆

澄和风物

小城浓浓的年味，离不开各种表演队的游街，离不开围观群众的欢笑

"拿手好戏"。伴随着极具特色的荣经竹号"呜嘟嘟"的浑厚悠远的号声中，传统的狮灯、龙灯、牛灯、腰鼓、欢乐锣鼓纷纷登场亮相，紧跟其后的是秧歌舞、扇子舞、广场舞、健身舞、彩旗队，一路自东向西经过整个县城。整个表演长队铺开一千多米，围观游园表演的百姓，人山人海。在颛顼广场上，人们排着长队参与猜字谜、夹玻璃弹子、瞎子敲锣、扔乒乓球、端乒乓等丰富多彩的游戏，男女老幼个个忘我地参与其中，处处充满了新年的欢乐气氛。

传统的狮灯、龙灯、牛灯、花灯仍然是最大的看点。花灯技艺自有门道，单是步法，就各有讲究。秧歌走的十字步，龙灯讲究连环步，牛灯要踏矮子步，幺妹子跩得风摆柳，花鼻子就像鸭子走。灯舞来自民间，在荣经的乡村，响器、秧歌、牛灯、龙灯、幺妹儿灯、高脚灯，都是迎接新年的保留节目。在20世纪80年代初的农村，乡亲们日子尽管不富足，逢年过节的娱乐生活却十分丰富。每年一进入腊月，辛勤劳碌了一年的乡亲，便在村中的大院坝里排练花灯节目，几个老者坐在一起，先点燃几杆旱烟，摆弄起几件老旧响器，鼓、锣、钹、镲、磬俱全。氤氲的烟雾里，小村里锣鼓铿锵，琴声悠扬。那些手刨黄土、五大三粗的庄稼人，平日里肩挑背磨，他们的脚步与大地之间的接触都很沉重，此刻却是那般轻盈灵动。排演花灯是那样的投入，说的唱的虽然是方言土语，但演练的人都有板有眼，一丝不苟，围着观看的乡亲们也如痴如醉。

云峰寺庙会

荥经地区传统的庙会，有娘娘会（又名娃娃会）、城隍会、火神会、太湖寺香会、瓦屋山香会、观音会、刀杆会等，但大都随着旧时光慢慢淡出人们的生活了。如今荥经最热闹的是云峰寺（又称太湖寺）庙会。

荥经云峰寺的庙会历史悠久，每年农历正月初九、二月十九、六月十九举行，吸引了周边各地的人们参与。其中，又以春节期间正月初九的庙会而最为热闹。一早开始，从山脚到山上，人流蜿蜒而上，望不到头。

荥经县的寺院因为历史的原因，大都儒、释、道，人、鬼、神齐奉。相传玉皇大帝生于正月初九，这天又在春节期间，

春节期间正月初九的云峰寺庙会热闹非凡。一早开始，从山脚到山上，人流蜿蜒而上，望不到头。新年的祈福，只为国泰民安，家和事顺

荣经人说，逛了庙会才能算是真正地过了年

所以这天全县几乎倾城而出，万人朝山，"山阴道上、摩肩接踵"。作为全国唯一保存完好的辟支佛道场，云峰寺及所在的云峰山，水泄不通，确实是热闹非凡。趁着庙会，约家人、亲友，外出踏青、郊游、野炊，就是为了热闹热闹。据说这种习俗已有千年的历史，高峰时，整个庙会的参会人数将达到四五万人，是荣经一道亮丽的特色旅游风景线。

庙会这天，第一道"工序"是摸"福"。云峰寺是个大寺院，有九重十八殿。无论是释迦牟尼佛、燃灯佛、文殊与观音，还是龙王，进香者得依次烧香、叩头、许愿。当天的云峰寺钟声阵阵，香烟缭绕，诵经声不绝。

寺内最著名是两棵桢楠王，如一对巨型蜡烛，伴随寺院从盛唐一路走来，阅尽了人间沧桑，显得古朴庄重，让人肃然起敬。两棵千年香杉，高大、挺拔，如一对高香。数十株古老银杏树参天挺拔，分列寺外，诉说着荣经人的仪式感。上香的上香，祈福的祈福，或许，人们的心愿大同小异，但在这一天，千年云峰寺承载着无数人对美好生活的无限向往。

2015年，云峰山景区成为荣经县首个国家4A级景区。2015年，云峰寺获"最具禅修影响力中华寺院"称号。集民俗文化游、乡村度假游为一体的云峰寺庙会，成为荣经县休闲旅游的重要盛会，成为一代代荣经人的美好记忆。荣经人说，逛了庙会才能算是真正地过了年。

春分会

"新庙赶场牛角尖,泗坪赶场坡坡坎。荥河赶场顺河边,花滩赶场团团转。"这是荥经人赶场的顺口溜。到了春分这天,民间要专门赶一回场,平时赶场就一天,唯有春分的场期是三天,也只春分的场叫会,因为春分是一年中重要的节气。

荥经人时兴赶"春分会",不知始于哪一天。老一辈人只知道,他们儿时就有这样的一个习俗。在这一天,凡所需的铁、木、竹、棕制品等春耕物资,均可购置齐备。所以,荥经春分会是农村的一个交易会,农民所需农具、种子都在会上买齐,为当年的生产丰收做好准备。春分会期间,镰刀、锄头、菜刀等小五金,拌桶、犁、耙、风谷机、打米机、打谷机等一应俱全,桌椅、板凳、簸箕等居家用品应有尽有。过去,春分会还有耕牛、仔猪、鸡鸭等家禽家畜的买卖,所以说春分会上,可以完成农耕时代几乎所有的商品交易。春分会是没有屋顶的农耕超市,是农民的购物天堂。

随着社会生产方式的变化,春分会的交易也在发生着变化,农耕用品渐行渐少,工业品越来越多,花卉盆栽、奇石工艺、时令小吃、糖酒干杂等渐成主流,但赶春分会的习俗依然不变。

荥经人传统上的春分要粘"雀雀嘴"、炒"土蚕子",就是把春节特意留下来的汤圆煮熟,戳在细长的竹竿上,插在田地里"粘住雀雀嘴,玉麦背箢背",再将豆子、玉米、谷子等一切能寻到的五谷杂粮掺灶灰在大锅里翻炒,一边炒还一边念:"炒豆子、炒谷子,炒死土蚕子。"对于荥经孩童来说,柴火灰炒过的五谷,酥酥脆脆,香过这个时节所有的零食。

赶春分要起得早,卖货物的乡里人起得更早。他们头天用石头压一张烂边竹席占好摊位,宣布此地归我所有,好在第二天顺利摆放货物。货物大多跟春耕、农事有关,包括犁铧、锄把、棕垫、背箢、筲箕和菜板等。

如今,机械耕田取代了传统牛耕,春分会上也尽是机器制造的农具。少了手工手艺的传承,少了汗水的浸润,机制的农具看着似乎怎么也不亲。场上的种子、苗圃摊上摆了很多花草，一盆盆争奇斗艳。塑料的电动玩具小汽车、大黄蜂也取代了木制竹编的土玩具。村民倒是乐意买些现成货，觉得物美价廉。就连背篼，也是塑料编织的了。一切都在飞速向前，惟有春分这一天的"会"，还是老样子。

"南园春半踏青时,风和闻马嘶,青梅如豆柳如眉,日长蝴蝶飞。"春分会,又称春台会,是农耕文化的代表活动。各地的春分会多始于清康熙年间

年节的味道

在荥经的乡间,一到农历五月初五的端阳,包糯米粽子,挂蒲艾紫苏,喝雄黄酒,做香包,采百样草作常备药物,是节日必备的传统习俗。荥经人称端午为"端阳",一个阳字,多了一份温暖与炽热。

端午节,似乎在哪里都是一样的。虽然荥经人在这一天不划龙舟,但其余样样都不落下。"戴个香包袋,不怕五虫害。"乡土作家记下这一天缝制香包香囊,更让人感觉到节日的芬芳韵味:"大人们常用红、黄、蓝三种颜色的衣服边角料,先将布剪出两片相同的形状,例如三角形、

新添驿站老戏台前,秋天晾晒着丰收的喜悦,这金色记忆也是游子的乡愁

古老的花灯，淳朴的乡情

祈福丰收的牛灯，延续着传统的庆典

心形等……各显神通，不多时，一堆各式各样的香包便堆满了桌子。形形色色，玲珑夺目。……到做午饭时，香包也做好了。离开时，也不管哪些是自己所做，各人拿上几个，能满足自己家人的需要便好。剩下留给身后凑热闹的，或是上山做农活没空缝制的人，他们收工回家，选出一个钟意的，挂在胸前，笑呵呵戴走了"。

荥经人家家户户也在"端阳"这天包粽子。粽子是荥经人端午餐桌的必备食物，是过端午节的象征；农村一般还要围着房屋四周撒上一圈雄黄辟邪。

到了秋天，荥经人就迎来了自己丰收的节日。谷子收回了仓里，农人们就会在坝子上舞一条长长的草龙，以此庆祝丰收祭谷神，感谢他老人家给我们送来粮食，还要请谷神保佑来年风调雨顺五谷丰登……

舞完草龙，过了中秋，荥经人很快就迎来了"牛王节"。十月初一是牛王菩萨的生日，在这一天，荥经家家户户用糯米打糍粑。南方有俗话说，"十月朝，糍粑禄禄烧"。打糍粑时粗大的棒槌在蒸熟的糯米饭里上下不停地舂，米很黏、槌很重，让人们体验了牛儿在泥地里踏行劳作的艰辛。打出的第一块糍粑穿在牛角上，算是犒劳牛儿。糍粑其实就是农民用来祭牛神的供品。

冬去春来，周而复始。随着"手执打狗棒，身挎帆布包，肩披一条麻布口袋，走东家串西家，逢人便又说又唱"的春官送来耕牛图和老黄历，荥经人翻开了又一个美好与幸福的春天。

生 态 美 食

森之美食

自从央视《舌尖上的中国》火了之后,各地纷纷拍摄美食纪录片,打造属于自己的美食名片。但除了荥经竹笋在《舌尖上的中国》悄然一现,藏身荥经的美食和特产,还未被更多的世人知晓。

处于清风雅雨间的生态荥经,作为"南丝路""茶马古道"的枢纽驿站,以"尚滋味,好辛香"著称的川菜和康藏地区少数民族美食,在一口数千年的荥经砂锅里幸福地相遇了。故此,荥经人吃的东西自然素朴而独到,甚至神秘而让人惊艳。

说到荥经美食的兼收并蓄,明末清初"湖广填四川"而来的外来菜系,以及南来北往的荥经商人,都促成了荥经美食的多姿多彩。如今天已经较为少见的外来菜系"酥甜席",周氏创于晚清的荥经棒棒鸡,1934 年邵氏兄弟从外面学习回来与荥经"烘窝子馍馍"结合而成的椒盐饼子,川北凉粉进入荥经演化而成的荥经凉粉。

2019 年 4 月 25 日,荥经县特色美食暨旅游推介会在成都宽窄巷子举行,棒棒鸡、挞挞面、椒盐饼子、豌豆凉粉等荥经特色美食纷纷亮相。其实,外地人会发现,荥经人好吃的东西满县城随处可见。除了荥经棒棒鸡、挞挞面、椒盐饼子和荥经凉粉,荥经的火锅牛肉粉、酥盒回锅肉、豆渣菜、黄牛肉、天麻炖鸡、烘窝子馍馍、花滩豆腐、酸菜豆花鸡、贡椒土匪鸡、石板鸭、天生桥、红尾巴烧豆腐等,都一样让人回味无穷。荥经身处西南山区,生态食材取之不尽,时令野菜、椿芽以及众多的特产如荥经天麻、茶叶、黄牛、核桃、雅鱼、竹笋等，成就了荥经独特的森林生态美食，知名的有龙苍沟笋干、青椒跑山鸡、三合老腊肉、苦蒿沟酸菜鱼、熊猫笋坨坨肉、猛火爆炒黄牛肉等。

荥经的餐饮馆子，除了以特色菜名作为名字，如周记棒棒鸡、文记棒棒鸡、李记凉粉、秦艺挞挞面、泡椒挞挞面、邵饼子、左记焦饼，也有一些出名的特色饭店，如"瓦屋酒家""老百姓饭店""添一家""罗霄酒楼""荥经饭店""七星园""老特务饭店"等，每一家饭店都有自己的厨艺传承与拿手绝活。

需要指出的是，纪录片《川味传奇》里的"荥经砂锅炖肉"，除了让人对荥经的美食垂涎欲滴，似乎更能说明，

> 许多到过荥经的外地人，对荥经的地道美食都会念念不忘，充满乡野风味的特产，如荥经竹笋与荥经黄牛，成就了荥经在美食圈独特的气质与地位

荥经的美食与荥经砂锅有着奇妙的关系。砂锅奠定了荥经的美食基础。如四川传统名菜"砂锅雅鱼"、砂锅煲汤、砂锅串串、砂锅豆腐、砂锅煨肉、砂锅炖鸡、砂锅米线、砂锅饭——砂锅美食不胜其数。

"打破砂锅问到底""砂锅头炒胡豆,抓(耠)不开了",这些是形象的俗语俚言。三足炉、烘锅子、药罐子,这些东西家家户户常见。正是这些日常而凡俗的生活场景,奠定了荥经人一生的口味。荥经人的生活,在于一片片森林,在于一口口砂锅,在于一双双勤劳的手与一张张幸福的笑脸。三山夹两水,清风雅雨间,荥经人与这片土地是荥经"森林生态美食"所有的秘密。

"玉食峨嵋栮,金斋丙穴鱼。"在雅安当地,雅鱼与雅雨、雅女一起并称"三雅"

挞挞面

吃面，再寻常不过的事情。吃"挞挞（da）面"，就不寻常了。荥经人对"挞挞面"有刻骨的情怀——因为，荥经是"挞挞面"的故乡。

清晨，当你漫步在荥经的大街小巷，有一种声音，会让你惊奇，这就是让荥经游子魂牵梦绕的甩挞声音。伴随着"挞""挞""挞"的声音，家家面馆散发出来的阵阵诱人飘香，这便是这个县城的最佳早点"挞挞面"。

外地人来到荥经，好客的荥经人会让你放弃宾馆里的早餐，将你带至他所中意的挞挞面馆里，来一碗挞挞面。挞挞面是一种手工宽面，面团不加碱，也不经过发酵，用上好面粉和好后搓成条，抹上清油放一段时间。一条能挞一碗。挞面时，取若干条，将面条压成扁长条，双手边拉边挞，闪悠悠，颤巍巍，像跳动的五线谱，

清晨，街头里巷四处可闻的甩挞声是开启荥经人幸福一天的美食之声

澄和风物

揉面和"挞"面时，也必须按一定"套路"来，揪剂子、出条子、抡、摔、叠、扣等动作要自然顺畅、一气呵成，方可拉扯摔挞出纯正的挞挞面条

奏出欢乐的歌。手艺高低在于一手面能挞多少条，越多手艺越高。

"用精面粉要新鲜；和面加水要看天；揉面有章法；挞面要自然。"据说，要制作出味道正宗的挞挞面，这些就是必须遵循的"道儿上的秘方"，即挞挞面老师傅口耳相传的诀窍。揉面和"挞"面时，也必须按一定"套路"来，方可拉扯摔挞出纯正的挞挞面条。

挞面者，多为青壮男子，着一身白衣，衣袖一卷，肱二头肌晾在外面，双手匀力拉扯，只见一米多长的面条，弹到空中，又狠狠落到面板。那面，粗细一致，厚薄有度；那声，清脆又悦耳，豪迈又果断。但今天，秀气女子的荥经，也能够站在一家不起眼的小店里，给你挞出一碗美味的"挞挞面"。

一碗挞挞面，要选配上三鲜、杂酱、牛肉、鸡丝、酸菜、清汤等各式面臊调味，这才叫巴适的挞挞面。这面里，最具代表性的要数三鲜挞挞面。何谓三鲜？荥经人会给你讲，熬制三鲜臊子时，先将荥经土鸡加入蹄膀熬成鲜美浓厚的鸡汤，加入炒好的肉臊子、荥经碳炕笋和康定青杠菌，点上香，文火熬制，三柱香方成。从最初的"三鲜""杂酱""酸汤"（酸菜）发展到今天的牛肉、排骨、海味、大肉等10多种口味，发端于荥经乡间"手工宽面"的挞挞面，一百年来已经成为荥经人的一道与时俱进的早餐。

1980版的《荥经县志》记载"挞挞面"："手工宽面：民国时期，县城中的许多面馆多在上午经营手工制作的宽面，兼售油子，食客多二者并餐。此种面食香脆入口，为大众喜食的名吃。一度较有名的，有王隆馆陶以珍的酸汤宽面，该面味出众。新中国成立后，面馆虽不制售油饼子，但经营手工宽面从未间断，50年代初，县人在雅安开业经营手工宽面。因制作过程中，有手挞这一工序，故被称为'挞挞面'。之后，挞挞面成为县内外名食。"

挞挞面发端于荥经，光大于雅安。雅安国营挞挞面馆，曾经风靡一时。据说，最早把挞挞面带到雅安的，是荥经人刘道恩（1906-2001）。刘道恩，原名桓国贵，后入赘到刘家，改名为刘道恩。1925年，刘道恩在荥经跟荥经陶面店陶仕明学习白案，后来在荥经开店，成为"挞挞面"的创始人。解放初期，刘道恩跟徒弟罗序江到雅安，后从雅安国营挞挞面馆退休。门下徒弟有杨定衡、罗序江、赵文锦、李成福等人。据挞挞面传承人黄昌华和罗序江回忆，20世纪三四十年代，在他们学艺时，荥经县城街上已有陶面店（陶仕明，刘道恩的师父）、刘面店（刘道恩）、陈面店（陈正福，黄昌华的师父）、汪面店（汪成章）、周面店（周培新）、胥面店（胥开明，刘道恩的同门师兄弟）等好几家荥经"手工宽面"面馆，但那时还不叫"挞挞面"。

荣经 家在清风雅雨间

  1951 年，李藻琴和宋玉祥两个女子合伙在雅安盘了一家小店，老家荣经的李藻琴想干脆就卖荣经的"宽面"，于是便通过私塾时的同学刘道荣（刘道恩之妻）从荣经先后请来了黄昌华、李红玉和罗序江等人。小店开张时，对于店名，李藻琴建议说：荣经"宽面"是"挞"出来的，干脆就叫"挞挞面"吧。从此，荣经挞挞面声名远扬。不久，"挞挞面"做法的创始人刘道恩也被徒弟罗序江请到了这家店里。后来，李藻琴因怀孕退出饭店经营，罗序江和宋玉祥结了婚。1956 年公私合营，宋罗夫妇成为资方代表，刘道恩、黄昌华、李红玉则成为了雅安国营挞挞面馆的工人。改革开放后，雅安国营挞挞面馆解体，但荣经挞挞面已经四处开花，不但在四川省第一届美食节一举获得金奖，也成为 2001 年江泽民同志视察雅安时念念不忘的荣经小吃，以至他回到成都又想起挞挞面的滋味，工作人员便将荣经的大师傅请到成都金牛宾馆专门为其做挞挞面。2014 年，荣经挞挞面制作技艺被列为雅安市第三批市级非物质文化遗产名录。

  荣经的挞挞面，"要做出劲道爽口的面、配制出真正好吃的汤料，却桩桩讲究，不是易事。一直觉得早餐做得出色的都是勤勤恳恳的用心之人。挞挞面没有做连锁，不能做产品，甚至外带都难。挞挞面师傅们个个身怀绝技，却又看似不通商业社会的情理。看起来非常难以进入，实际上却蕴含着荣经这个地方最本质的精气神儿，朴质又肯干，踏实又勤劳"。在荣经若水读书会杨桃岚的眼里，"挞挞面就是这么看上去街头巷尾的下里巴人，骨子里却是金堂玉马阳春白雪"。

  一声声，铿锵有力，激荡人心，荣经挞挞面，在雅安，在成都，乃至全国，挞出了一道风情，挞出了飘香的美食。让人垂涎欲滴的一碗挞挞面，想一想，都会让你向往一趟荣经的森林生态美食之旅！

棒棒鸡

棒棒鸡，是中国名菜，也是四川特色菜肴，属于川菜中的凉菜，主要食材是鸡肉，集卤、拌、泡等多种烹调手法，其味型属于"怪味"，麻、辣、酸、甜、鲜、咸、香全部味道都具备，有麻辣、五香、泡椒、藤椒、香辣、咸鲜和酱香等系列，是四川熟食的典型代表。棒棒鸡又名"乐山棒棒鸡""嘉定棒棒鸡"。此菜源于乐山著名的码头汉阳坝（今为眉山市青神县汉阳镇），当地人取用特产汉阳鸡，煮熟后，用木棒将鸡肉捶松后，宰成既薄又均匀成形的小方块，皮朝上放于瓦钵中，浇上红油汤汁，小贩遂手端瓦钵在岷江边的汉阳坝码头叫卖。最初，棒棒鸡名"麻辣鸡块"

麻辣鲜香的棒棒鸡，现已成为荥经的地标美食

将鸡肉煮熟、凉透。切斩鸡肉时,一人执刀,一人持木棒敲击刀背,宰成既薄又均匀成形的鸡块或鸡片,皮朝上放于瓦钵中。最后浇上的红油汤汁为棒棒鸡增色不少

或"红油鸡块",后来因木棒敲刀斩鸡,"棒棒鸡"随之闻名。

清末民国初期,随着汉阳坝码头水运的衰落,汉阳人开始走向外面的世界,棒棒鸡也随之落户荥经、重庆、达县、成都等地,与乐山一起,成为巴蜀大地上的"五鸡共鸣"的美食格局。

川菜文化人向东在《棒棒鸡传奇与异变》一文中写道:"现今荥经棒棒鸡依然保持汉阳的传统和特色,以棒击刀斩切鸡肉,但亦改块为片,从游走叫卖改为专卖小店,成为餐馆饭馆的特色佳肴。亦从荥经传到蜀中各地,故不少人把棒棒鸡误认为是荥经始创。"

在荥经县城,有"周鸡肉""文鸡肉""王鸡肉""陈鸡肉""赵鸡肉""陆鸡肉"等,但最早的荥经棒棒鸡,

由周银发于1895年创于荥经县西门富源店。

相传，银匠起家的周家老祖遭遇"绑肥猪"（土匪绑票），倾尽家产。平素爱吃鸡肉的老祖，具有生意人特有的精明，为了生计，鼓捣起钵钵鸡的小本买卖。他把鸡肉切成片，配好调料，装在陶钵钵里，端着走街串巷，或到茶楼酒肆吆喝叫卖。遇上嘴馋又恰有闲钱的主儿，掏个小钱，夹片入口，麻辣鲜香，一饱口福。那种美食中的沉醉不是语言能形容的。街边无钱之人，看着吃鸡者下巴流着油汁，辣得龇牙咧嘴，嘶嘶吐气，岂有不咽下涎水的！……钵钵鸡传至第三代，陶钵钵换成大瓷盆，摆摊于荥经电影院处。五分钱一片，逗得人们挪不开步。孩子在摊边支着脚，拉着大人的衣角不走，大人推搡诅骂无效，只得遂了孩子心愿，买一片给他解馋；恋爱的青年男女驻足摊前，麻辣鸡片又成了浓情蜜意的催化剂；也有殷实的人家不满足于零食似的吃法，干脆端了家什到周家屋里去，指明了要称斤买两。彼时，正兴改革开放，周鸡肉开始了"线上线下"运作模式。即兵分两拨，丈夫在外论片卖，妻子在家论斤两称……

今天，"周鸡肉"传至第四代，女儿周仕英违反父亲"不传女"的家规，偷偷学艺。改革开放四十年，"周鸡肉"也在周仕英的手中名扬雅安。2011年，"周记棒棒鸡制作技艺"进入第三批四川省非物质文化遗产名录，成为荥经棒棒鸡的传承典范。而"周鸡肉"的第五代传人，周仕英的徒弟李良锋，则成为"棒棒鸡传奇"的创始人。如果说油是棒棒鸡这道名菜的灵魂，那么从乐山棒棒鸡的鸡块到荥经棒棒鸡的"鸡片"，荥经人把一道鸡肉做成了更为精致、更为讲究又更不同凡响的荥经棒棒鸡。更重要的是，荥经人在新的时代，把棒棒鸡的传承推向了又一个美食的高峰。

成都知名的"廖记棒棒鸡""棒棒鸡传奇"皆学艺自荥经，并从成都以连锁和加盟的方式把"棒棒鸡"推向了全国。

砂锅雅鱼

唐代大诗人杜甫诗云:"鱼知丙穴由来美,酒忆郫筒不用酤",盛赞雅鱼之美。雅鱼,学名齐口腹裂鱼,又名嘉鱼,有肉多、质嫩的特点,为川中鱼鲜烹饪原料之上乘者。丙穴指瓦屋山下的洪雅炳灵镇,这里山清水秀,出产的雅鱼最为有名。雅鱼与雅雨、雅女一起并称雅安的"三雅"。

雅鱼的鲜美,离不开荥经砂锅,长期以来,砂锅雅鱼是雅安的一道名菜。"砂锅雅鱼"之于筵席,要么以"头菜"奉献食者,要么以"压轴戏"最后出场,鱼嫩汤鲜,让人齿颊留香,回味悠长。

荥经当地的师傅熬制砂锅雅鱼时,一边将土鸡、肘子、棒子骨等熬制的高汤盛入砂锅煮开,一边则将雅鱼用油锅煎至两面鱼皮起卷,然后将鱼放入砂锅中,再放入土鸡、

雅鱼,是生长在雅安青衣江水系的冷水鱼,体形似鲤,鳞细如鳟,口感爽滑,肉质细嫩,为历代贡品。最大特点是其头部藏有一把"宝剑",这是辨别雅鱼真伪的最大标志

雅鱼再美，离不开荥经砂锅这一烹具。砂锅雅鱼是荥经最负盛名的美食

猪肚、竹笋、竹荪、豆腐等辅料煮开。在此过程中，三大关键决定了菜品：一是高汤的品质，二是鱼和辅料的比例，三是熬制的火候，一般视鱼的大小和辅料的多少，煮5至10分钟即可，这样才能保证雅鱼的鲜嫩。

荥经县老百姓饭店的冯天云，在"砂锅雅鱼"的基础上加以创新，将荥经本地原生态的背二哥观山野茶入锅，将"砂锅雅鱼"变"砂茶雅鱼"，获得了2013年荥经餐饮特色名菜以及2016年全国厨师华山论剑技能大比武（西南赛区）金奖。但万变不离其宗，在荥经首位"注册中国烹饪大师"冯天云的眼里，荥经的黑砂锅，才是"砂锅雅鱼""砂茶雅鱼"的真正灵魂。

2018年9月10日，由中国烹饪协会主办的"2018向世界发布'中国菜'活动暨全国省级地域经典名菜、主题名宴发布会"上，"砂锅雅鱼"与回锅肉、夫妻肺片、麻婆豆腐、宫保鸡丁、开水白菜等一起，被评为"中国菜"四川十大经典名菜。

荥经凉粉

川北凉粉是一道在四川各地都有名的小吃，相传始于蜀汉时期嘉陵江边的两个凉粉棚子。一个棚子姓薛，卖冷吃旋子凉粉，一个棚子姓谢，卖热吃片子凉粉。后来两家联姻，合二为一，遂逐渐成为川北凉粉。

在四川，凉粉有大米、豌豆、绿豆等不同原料制作的，风味各有不同。荥经人以豌豆为原料，形成自己特有的"荥经凉粉"。荥经的豌豆凉粉，膏体颜色偏黑灰色，口感香脆、膏体细腻、回味清香。

在荥经，有一家老字号"街老头凉粉"，老板李洪伟祖上三代都是做凉粉的。李记凉粉有四种口味：泡椒味、小米椒味、青椒味和红油味。就这四种口味，在当地使李凉粉远近闻名。曾有记者采访李洪伟李凉粉的秘诀，李洪伟的回答很简单："哪有啥子秘方嘛，做吃的就是做良心，我就是选豆子到炒凉粉都照到祖上传下来的程序做，保证真材实料，我没用煤气、天然气这些炒凉粉，一直都用的柴火灶大锅炒，你们吃的时候注意到了没有，有一股烟子味儿。"

据荥经人说，荥经凉粉加上荥经的椒盐饼子，是绝配。所以一般到荥经旅游的人都会问，老板儿，椒盐饼子哪里有买呢？不管是哪一家馆子，老板儿都会热心地指点你。

荥经凉粉一般选用山区纯天然豌豆为主料，经手工淘、泡、磨、滤、沉、滗、熬、炒、凉等传统工艺精制而成，具有口感细腻香脆、清纯自然、回味悠长之特色，属于雅安的传统美食。

椒盐饼子

荥经椒盐饼子制作技艺为雅安市级非物质文化遗产，距今已近百年历史。据说，1934年邵氏兄弟从外面学习回来与荥经"烘窝子馍馍"结合而成，今天荥经县城里还有一家出名的"邵饼子"老店。但也有人认为始于清末民国初期，原为满足过往背夫、马帮脚夫的干粮需求，荥经的小贩便摸索制作出一种既方便携带、冷热兼食、千层酥脆、入口化渣的饼子，因饼子里加有花椒面、精盐等原料，故荥经人称之为"椒盐饼子"。

椒盐饼子为"千层酥"的一种，香、酥、脆、润、化渣，是其特色。虽饱含油酥，但观之无油，触之不腻手，食之

色、香、味俱佳的椒盐饼子已成荥经人走亲访友的馈赠佳品

荥经椒盐饼子的特点是酥香脆，烙制很讲究。先分批摊锅上烙，头面细烙，二面粗烙，再入烘锅烘烤几分钟，既收走了多余的水分，又保留了香味，这或许就是其特别"酥香脆"的原因吧

则有油，但不腻口，冷、热均酥松柔顺。椒盐饼子制作技艺讲究，经过选料、起老面、起酥面、打制饼子、烘烤、出炉5道工序方可制作而成。制作时，按传统工艺起酵面、酥面和子母面。打制时，将酥面按一定比例包入子母面内，经揉裹和反复擀、卷、摊，成圆形坯子，分批摊锅上烙，头面细烙，二面粗烙，最后烘烤数分钟即成。

　　荥经的小吃，除了椒盐饼子，油饼子和焦粑儿一样有名。在荥经，以前的面馆子一般油饼子和挞挞面同售，客人一般也把油饼子就着面一起吃。焦粑儿也是荥经本地的特色小吃，又叫"焦饼"，有一二厘米厚，直径大概十公分，手感很沉，表层焦黄色，饼面一层芝麻，中间一层层的有几十层，夹杂着葱花馅料，口感外酥里嫩、喷香爽脆，回味无穷。县城北门口的左记焦饼，就是其代表。油饼子和焦粑儿的做法相同，只是焦粑儿带馅、稍厚，油饼子不带馅、稍薄。荥经挞挞面传承人罗序江回忆说，油饼子是一陈姓外地"客师"传给刘道恩的，时间大约在20世纪40年代。在飞速的今天，荥经焦粑儿和油饼子，因制作工艺复杂，成本较高，已几尽失传。

但荥经花滩"李记"椒盐饼，经历四代人的传承，依然在荥经花滩镇正街坚守着。一家小小的店，一张条形的方桌上摆放着方方酥、甜酥饼与椒盐饼，父女俩坚守着一份美好而简单的传承。一天卖200多个椒盐饼，这一家人已经很知足。然而，"李记"椒盐饼真的好，以至好多人说，他家椒盐饼的配方来自皇宫！

李师傅家的手工作坊里，每天天还未亮，和面机、大煎锅、小煎锅、微波炉、面粉、发酵的老面、油酥面、花椒、白糖等各就各位，甚至连案板下那很久不用的烘锅，灰蒙着身子炼猪油的铁锅，也在静静地等待李师傅的到来。

李师傅来了，还有他的大女儿春梅。

春梅围着围裙、戴着口罩，但见白里泛红的脸上有一对弯弯秀眉，白净的手在案板上团着面团，像是牵着面团在舞蹈。几个圆圈后用手轻轻一按，椒盐饼的雏形就成了。

李师傅在大煎锅上烙饼。右手先在平锅上刷油，转身拿饼放锅上，两手各按一饼在锅面上旋转，饼子听话地依附在他的掌心，像铁屑恋着磁铁，像向日葵追逐着阳光。

结语
CONCLUSION

荥经，让人心驰神往的地方

沐浴着清风雅雨，拥抱荥经的美丽山水，与造物游。只要您来荥经，一定会爱上这片神奇的山川，会为这片土地感到自豪，也会对历史有更深入的理解。如果您还不认识荥经，未曾听说过她的芳名，打开这本书，就打开了温润清雅的荥经性情，打开了云水风度的荥经情怀，您将了解到她的历史人文、风土名胜、人物典故以及市井百态。在不忍释卷之际，您一定会对这个美丽得恍如世外桃源的地方，心驰神往，渴望一趟说来就来的旅行。

这里的风景，不是只是满眼的山青水碧和桃红柳绿。这里的山川河谷蕴含着众多的风物传奇，勾勒着西蜀千年文化脉络。青铜与陶片上承载的历史记忆，冰绡雪凝下的古道苔痕，漫山飘飞的鸽子花，嘉禾起舞的田野和村庄，寻常巷陌的飘香美味……这些足以留住您的脚步。

这里是千年严道，清风雅雨间的荥经。

登牛背山，在群山之巅看云聚云散，漫赏赤日烟霞织就千里云锦，感悟璀璨星空下的哲学意境；还有，风飐雪舞、花开云上……

过大相岭，在拐子窝密布的青石板路上骋怀思古，遥想茶马古道的千年往事，体味"茶烟穿树直，山月落窗圆，溪声长作雨，云气不离山"这质朴诗句展现的古道雄浑之气。

进龙苍沟，赏缤纷四季里更迭的山水演义，观春华灼灼、夏山叠翠、秋叶烂漫和冬雪飘飘，听四季鸟语，闻百草花香。

拜云峰山，在古桢楠林的蔽日浓荫里，听山风诵经。品"前度勾留，借一片闲云，每到斜阳倚树；此间小憩，听半湾流水，何殊清夜闻钟"的禅意。

去古城坪，观火舞窑红。一抔泥土，沐风雨催化，过巧工之手，经千度炉火，涅槃成耀世黑砂，千年抽器在岁月深处低吟浅唱。历久弥新的匠心，洗尽铅华的朴素，在时光里演绎土与火交融的传奇。或者，到散落在山水深处的古镇、老村，追寻农耕文明，遍历田园风情，品尝山野风味，让您浮躁的心宁静下来，让您的灵魂，像山间的云岚，随意舒卷。

"万物之始，大道至简，衍化至繁。"在这片绿色的土地上，前人的脚印沉实清晰，今朝步履愈加坚定，十五万荥经人民怀着初心，逐梦新时代，将走出属于自己的绝代风华与美好篇章。

后记
POSTSCRIPT

因为了解，才能深爱。

荥经，这颗镶嵌在南丝路和茶马古道青山碧水间的秀丽明珠，有太多的精彩与传奇：得天独厚的自然资源与美景，悠久厚重的历史底蕴，丰富多彩的民风民俗……为了发掘和梳理乡土文化资源、发展生态文旅，荥经政府联手四川大学历史文化（旅游）学院、四川大学博物馆，携手专家、学者和本地文人雅士，共同对荥经乡土文化和资源进行了系统的整理，促成这本深入浅出，雅俗共赏的图册的出版。本书分工如下：

四川大学博物馆编审张苹策划了本书大纲并组织作者团队、摄影团队和设计团队协同工作，完成书稿的编撰、设计和编辑出版。

本书有幸得到四川大学霍巍教授亲自指导历史文化课题组展开调研、资料收集和撰写工作；在查阅大量史料的基础上，马伯垚博士撰写了先秦至汉部分、庞政博士撰写了唐宋部分、陈默副教授撰写了明清至近现代部分的书稿；赵珊榕硕士撰写了自然美景概述的初稿；周安勇、李增勇撰写了民俗的部分初稿，并提供了大量文史资料和老照片。作家林元亨在上述作者初稿的基础上进行了增删润笔

的统稿工作；张苹在此基础上做了查缺补漏的修润。

本书图片主要由荥经本地摄影师陶雄辉、郑林、刘敬忠等提供；国家地理特约摄影师刘乾坤也提供了大量图片；雅安气象局彭定康老师提供了专业参考示意图；荥经县博物馆周路协助核查了相关资料。

本书图文设计编排由张苹和康燕共同完成。文字打磨和图片选择替换工作非常琐碎繁杂，幸而得到荥经相关单位和专家学者的大力支持：荥经宣传部杨成林不厌其烦做了大量组织协调工作；县政协主席张顺昌、县博物馆馆长高俊刚、荥经学者吴阿宁等同志提出不少宝贵的修改意见；四川大学研究生沈雨柔、侯西蓉、赵珊榕协助编校；巴蜀书社童际鹏加班加点……囿于篇幅，对所有给予我们帮助和支持的领导、专家和同仁不能一一列举，谨在此致以衷心的感谢！

编 者

2020 年 3 月

图书在版编目（CIP）数据

荥经 / 李蓉主编．－－成都：巴蜀书社，2020.4
ISBN 978-7-5531-1284-8

Ⅰ．①荥… Ⅱ．①李… Ⅲ．①荥经县－概况
Ⅳ．① K927.14

中国版本图书馆 CIP 数据核字（2020）第 048488 号

荥经——家在清风雅雨间
YINGJING JIA ZAI QINGFENG YAYU JIAN

李蓉　主编

责任编辑	童际鹏
特约编辑	张苹　沈雨柔
封面设计	杜晔昕
出　　版	巴蜀书社
	成都市槐树街 2 号　　邮编 610031
	总编室电话：（028）86259397
网　　址	www.bsbook.com
发　　行	巴蜀书社
	发行科电话：（028）86259422　86259423
经　　销	新华书店
印　　刷	四川新财印务有限公司
版　　次	2020 年 4 月第 1 版
印　　次	2020 年 4 月第 1 次印刷
成品尺寸	170mm*240mm
印　　张	13.25
字　　数	200 千字
书　　号	ISBN 978-7-5531-1284-8
定　　价	56.00 元

著作权所有　　违者必究
本书若出现印装质量问题，请与出版社联系